ENSEÑAR LÉXICO EN EL AULA DE ESPAÑOL

El poder de las palabras

cuadernos de didáctica

ENSEÑAR LÉXICO EN EL AULA DE ESPAÑOL

El poder de las palabras

PAZ BATTANER
Grupo Infolex,
Universitat Pompeu Fabra, RAE

FRANCISCO HERRERA
CLIC International House Cádiz

MARTA HIGUERAS
Instituto Cervantes

ERNESTO MARTÍN PERIS
Universitat Pompeu Fabra

IÑAKI TARRÉS
Instituto Cervantes de Berlín

ANNA RUFAT
Universidad de Extremadura

FRANCISCO JIMÉNEZ CALDERÓN
Universidad de Extremadura

JOSÉ LUIS ÁLVAREZ CAVANILLAS
CLIC International House Sevilla

DOLORES CHAMORRO
Centro de Lenguas Modernas,
Universidad de Granada

MARÍA CABOT
International House Barcelona

VERÓNICA FERRANDO
Centro de Estudios Hispánicos
de la URV

JON ANDONI DUÑABEITIA
Basque Center on Cognition

MARÍA BORRAGÁN
Basque Center on Cognition

AINA CASAPONSA
Lancaster University

KRIS BUYSE
University of Leuven

SERGIO TROITIÑO
Editorial Difusión

ALEJANDRO CASTAÑEDA
Universidad de Granada

ROSARIO ALONSO
Universidad de Granada

ENCARNA ATIENZA
Universitat Pompeu Fabra

JOAN-TOMÀS PUJOLÀ
Universitat de Barcelona

CUADERNOS DE DIDÁCTICA

Colección dirigida por Francisco Herrera y Neus Sans

ENSEÑAR LÉXICO EN EL AULA DE ESPAÑOL

El poder de las palabras

AUTORES: Marta Higueras, Ernesto Martín Peris, Iñaki Tarrés, Anna Rufat, Francisco Jiménez Calderón, José Luis Álvarez Cavanillas, Dolores Chamorro, María Cabot, Verónica Ferrando, Jon Andoni Duñabeitia, María Borragán, Aina Casaponsa, Kris Buyse, Sergio Troitiño, Alejandro Castañeda, Rosario Alonso, Encarna Atienza, Joan-Tomàs Pujolà.
Prólogo: Paz Battaner

EDICIÓN: Francisco Herrera

REDACCIÓN: Pablo Garrido

CORRECCIÓN ORTOTIPOGRÁFICA: Agnès Berja

DISEÑO Y MAQUETACIÓN: Laurianne López Barrera

ILUSTRACIONES: Laurianne López Barrera

ISBN: 978-84-16943-88-3
Impreso en España por Novoprint

C/ Trafalgar, 10, entlo. 1ª
08010 Barcelona - España
Tel.: (+34) 932 680 300
Fax: (+34) 933 103 340
editorial@difusion.com

www.difusion.com

ÍNDICE

PRÓLOGO

Paz Battaner
Grupo Infolex, Universitat Pompeu Fabra, RAE

El léxico es un océano sin límites, desconocido en toda su inmensidad. Permitidme otra metáfora más de las muchas que hay sobre este componente lingüístico al que se acerca el nuevo volumen de la colección Cuadernos de Didáctica. Es como un océano, sí; pero le hemos de colocar unos cuantos veleros, buques, cruceros o portaviones que nos lo hagan transitable, es decir, hemos de dominar un vocabulario bien sopesado que permita traspasar entre los barcos, unir y formar escuadras, deslizarse ligeramente empujados por los vientos, facilitar operaciones y hasta aguantar en los momentos en que no se ve el horizonte. Maniobras como las navales pueden hacer las palabras cuando una persona pone atención en ellas al acercarse a la lengua que aprende y que no es la suya.

Tener un mínimo vocabulario es tener una tabla de flotación. Que luego esa tabla se convierta en base de operaciones, depende del profesor y del estudiante que, ya por su cuenta, se adentre en alta mar. Si el vocabulario se enseña, como insisten los autores de los artículos que leeréis, con su sonoridad, su morfología, su sintaxis y sus amistades semánticas, su valor pragmático, sus apariciones esperables en ciertos momentos, es decir, con lo que suele rodear a cada palabra, el estudiante sabrá poner luego por su cuenta atención a estas mismas relaciones y su vocabulario irá creciendo con calidad y ordenadamente. No otra idea es la noción de *priming* que Hoey en 2005 teorizó para explicar el aumento del vocabulario en cantidad y en calidad en los hablantes a lo largo de toda su vida. Cuando se aprende una lengua es importante ir familiarizándose con estrategias para ir incrementándolas después, como hacen todos los hablantes en su lengua materna. *La lengua es un todo, como lo es un organismo; y no algo parcelable; aprender una lengua es ser capaz de ir ensanchándola a medida que se vive con ella.*

Los autores de este libro se acogen mayoritariamente al enfoque léxico que nos legó Michael Lewis en la década de los años noventa y cuya sentencia: *La lengua consiste en léxico gramaticalizado, no en una gramática lexicalizada*, es una de las premisas que más fortuna ha tenido y que ha alegrado más a los estudiantes de segundas lenguas. Los profesores de inglés seguidores de Firth la pusieron de relieve al presentar su lengua, lengua de poca flexión morfológica, sobre rutinas, colocaciones y vocabulario. Es curioso que no se hubiera privilegiado antes esta decisión cuando todos los que hemos accedido a una lengua extranjera hemos sufrido la falta de vocabulario, hemos experimentado lo artificial de nuestras construcciones sintácticas al intentar explicarnos y la utilidad de conocer algunas rutinas de tipo social que nos facilitaran los intercambios básicos y repetitivos y nos permitieran llevar conversaciones sencillas con cierta fluidez.

No ha sido solamente el enfoque léxico el que ha hecho tomar consciencia de que el vocabulario presentado con cariño y en compañía ayudaba en el aprendizaje de una lengua extranjera y la hacía más simpática; sino el que haya venido acompañada de poder observar las voces y las frases en sus contextos con su frecuencia y con sus preferencias de combinatoria y con su eficacia pragmática para evitar meteduras de pata. Esto lo han aportado los corpus lingüísticos informatizados que a partir de los años ochenta se fueron formando y sabiendo consultar cada vez con más facilidad.

El poder ver las voces junto a las otras palabras que las acompañan y que los corpus lingüísticos muestran ha convencido a muchos profesores más sobre la eficacia del léxico y les ha proporcionado una información que antes solo dependía del buen sentido lingüístico del profesor. Ahora ese sentido lingüístico está al alcance del mismo estudiante. Quien sabe consultar los corpus tiene en su mano el material necesario para saber valorar el significado y los matices del uso de una voz, pero también sus preferencias para aparecer en ciertas frases y para escoger las palabras con las que va a ir trabada en situaciones concretas. Los profesores tienen que extraer de los corpus materiales para clase y enseñar a consultar los corpus como recursos lingüísticos a sus estudiantes, para que los acompañen en el continuo perfeccionamiento que exige siempre cualquier lengua.

Los corpus recogidos para elaborar buenos diccionarios de inglés, como el Cobuild o el Macmillan, necesitaron elaboración cuidadosa, pero después pusieron de manifiesto aspectos de la lengua muy importantes para ser enseñados y que no se tenían descritos. El tener grabadas muchas intervenciones orales permite tener datos sobre usos que no se contemplan en las gramáticas. Enseñar la lengua con estos datos hace que haya que elaborar otros métodos que sean coherentes con esta nueva información. La diferencia entre la lengua de clase y la de la calle era antes tan grande que difícilmente se llegaba a la de la calle. Hoy se conocen, por los corpus, ciertos usos y combinaciones que son frecuentes y que hay que enseñar con datos. El español tiene hoy corpus lematizados y etiquetados en consulta abierta.

Particularmente hay otra máxima de Lewis que me gusta mucho: *Se debe dar prioridad a las habilidades receptivas, en especial a la comprensión oral.* ¿Por qué? Porque es así como se aprenden las lenguas; en circunstancias naturales de intercambio lingüístico, cuando, en lugar de estar en una situación formal docente, se aprende en inmersión. Las palabras, entonces, se presentan trabadas a otras (su gramática, su combinatoria), muestran la necesidad de combinarse unas con otras. Todos nos hemos maravillado de lo que se aprende en una estancia lingüística en el país de una lengua que hemos estudiado, por breve que aquella sea; no cuesta recordar, se olvida uno de que hay que acudir a la memoria; la memoria funciona naturalmente, como aprendemos el nombre de un nuevo compañero, sin ningún esfuerzo.

Dice también Lewis: *La clase es un mundo real que convencionalmente no se parece al mundo real (como el teatro) y por eso en él los textos escritos tienen que estar presentes, textos bien organizados y correctos, aunque no se les ha de presentar al comienzo, hay que posponerlos a otros niveles.* Esta consideración ayuda a establecer niveles de progresión mucho más claros que los que aparecen en el Plan curricular europeo para el español, pues los textos presentan un léxico menos habitual que el de la lengua oral y es al que hay que acceder poco a poco.

La inmensidad del léxico de una lengua y del vocabulario que conocen sus nativos impone al profesor en los niveles avanzados la convicción de la imposibilidad de atender a todo. Es el momento de rentabilizar las estrategias practicadas en los primeros niveles; hacer conscientes a los estudiantes de la capacidad ya adquirida de ir aumentando su vocabulario por sí mismos; no con unidades aisladas, sino con los acompañamientos que presentan las unidades en el texto en el que se encuentren. La dificultad está en las palabras puestas en lista; entenderlas, incorporarlas al léxico activo tiene que hacerse, por el contrario, sin listas, atendiendo a todo su cortejo, si es verbo con sus argumentos explicitados, si es un adjetivo con el sustantivo al que califique y con algún otro argumento que lo aclare; si es un sustantivo de qué y cómo se deje acompañar; todas las categorías con su capacidad pragmática de adecuación a la situación comunicativa.

Ha costado un poco que los profesores de ELE vieran en el léxico del español uno de los caminos para allanar la dificultad de acceder a una lengua extranjera. Felizmente ya están en ello y me satisface mucho poder escribir estas líneas para presentar un volumen que promete.

PAZ BATTANER

Grupo Infolex, Universitat Pompeu Fabra, RAE

Barcelona, el 11 de junio de 2017

NOTA DEL EDITOR

Francisco Herrera
CLIC International House Cádiz

Como en todo campo de investigación y práctica, la enseñanza de segundas lenguas en general y, por supuesto, la del español como lengua extranjera en particular, no está exenta de la influencia de determinadas tendencias. Algunas de estas novedades dejan una huella superficial pasado un tiempo, mientras que otras consiguen que realmente se produzca un cambio relevante en el día a día del aula. Dentro de este último grupo de tendencias podemos enmarcar, sin duda, la irrupción del enfoque léxico en la clase de idiomas, un proceso que en los últimos veinte años se ha asentado como una propuesta fundamental para la planificación y la gestión de la enseñanza del español.

Por este motivo vimos claramente la necesidad de recoger las aportaciones más señeras de este trabajo colaborativo en Cuadernos de Didáctica y, de esta manera, recopilar un abanico amplio de acercamientos a las cuestiones de tratamiento del léxico tanto de corte teórico como eminentemente prácticas. Nuestra intención ha sido, por lo tanto, la de enfocar y revelar una fotografía panorámica que recoge la imagen central de los estudios específicos sobre el léxico en el aula, pero también las zonas más periféricas en las que esta tendencia ha dado sus frutos.

Con solo echar un vistazo al índice de este volumen se puede ver que las aportaciones de los participantes proponen acercamientos muy variados en los que, además del núcleo central de trabajos que definen el enfoque léxico, se acotan conceptos fundamentales muy cercanos, como las colocaciones, la combinatoria o los cognados. De igual manera, encontraremos entre los diferentes capítulos herramientas que son de gran utilidad para el docente de segundas lenguas, como los corpus o ciertas aplicaciones digitales. Y queremos destacar también los artículos que enlazan las cuestiones de la enseñanza de léxico con aspectos básicos del aprendizaje de una lengua, como la gramática, la cultura o los materiales didácticos.

Sacar adelante este cuaderno ha sido un reto para todos los participantes, pero aceptarlo y llevarlo a cabo también ha resultado una experiencia memorable. Confiamos en que el lector lo disfrute, al menos, tanto como lo hemos hecho nosotros. En sus manos queda.

LOGROS Y RETOS DE LA ENSEÑANZA DEL LÉXICO

Marta Higueras
Instituto Cervantes

1. INTRODUCCIÓN

La mayoría de los investigadores y profesores están de acuerdo en que el léxico ocupa un lugar central en la adquisición y en la enseñanza de una lengua extranjera. Este *boom* lexicalista, materializado en muchos casos bajo la etiqueta de enfoque léxico (Lewis, 1993; Martín Peris, 2017; Higueras, en prensa) que invade tanto la lingüística teórica como la aplicada, ha alterado completamente el panorama de la enseñanza de contenidos lingüísticos, hasta el punto de que podemos afirmar que el léxico es el foco prioritario de atención para muchos profesores y alumnos, no solo en niveles altos, sino desde el mismo comienzo del aprendizaje de una lengua.

En este breve capítulo se abordarán dos temas: por un lado, se realizará un repaso de algunos logros conseguidos en las últimas décadas en el campo de la enseñanza del léxico, así como algunos retos para el futuro. Por otro, se reflexionará sobre las habilidades que, desde nuestro punto de vista, debe desarrollar un profesor del siglo XXI para enseñar este componente lingüístico con eficacia y desde la enseñanza comunicativa.

2. LOGROS

Son muchos los avances en aspectos esenciales de la enseñanza del léxico, sobre todo en cómo definimos qué es el léxico, cuándo y cómo enseñarlo, para qué y con qué materiales.

Sin duda, uno de los mayores progresos realizados en el campo del léxico ha sido la ampliación de su objeto de estudio: la enseñanza del léxico es concebida ahora como la enseñanza de bloques más o menos estables e idiomáticos, además de las consabidas palabras. Desde los trabajos sobre el enfoque léxico de Lewis (1993, 1997, 2000) y de otros autores precedentes, algunas unidades se perfilan como las más importantes para la enseñanza del léxico: palabras, colocaciones, expresiones idiomáticas y fórmulas o expresiones institucionalizadas (Higueras, 2006b). Estos avances han propiciado incluso la evolución del papel del profesor en la enseñanza de dichos bloques: si en la primera propuesta del enfoque léxico de Lewis era el aprendiente el que los debía detectar en el *input* de forma casi autónoma, propuestas más recientes abogan por una enseñanza explícita de los bloques por parte del profesor (Lindstromberg y Boers, 2008; Boers y Lindstromberg, 2009).

Respecto a cuándo y cómo enseñar léxico, este tema ha seguido la misma evolución que otros contenidos lingüísticos: se defiende que se enseñe contextualizadamente, de forma explícita e implícita, al servicio de la tarea y de la comunicación, en cada actividad y muestra de lengua que aparezca en clase, secuenciándolo (igual que los contenidos gramaticales) y reconsiderando la necesidad de recurrir a la traducción de unidades léxicas completas, al ser esta una estrategia más de las que usa intuitivamente el aprendiente.

También parece haber acuerdo en cuanto a la finalidad de la enseñanza del léxico: no se concibe como un fin en sí mismo, sino supeditado a la mejora de la competencia comunicativa del alumno. Es cada vez mayor la presencia de actividades en los manuales que ponen énfasis en el léxico o que potencian estrategias para su memorización, y lo que es todavía más importante, que lo relacionan con otros contenidos lingüísticos y funcionales. Numerosos trabajos de fin de máster, realizados en distintas universidades en las últimas décadas, han analizado estos datos y constatan este hecho.

Todos estos aspectos atestiguan la revolución léxica que ha tenido lugar en la enseñanza comunicativa de la lengua, con una mayor o menor incidencia del enfoque léxico (Higueras, 2017) y con gran influencia de las aportaciones de la adquisición de lenguas extranjeras. Otros hitos importantes han sido: la publicación de una primera propuesta sobre qué contenidos léxicos enseñar en cada uno de los seis niveles del *Plan curricular del Instituto Cervantes* (*PCIC*) (Instituto Cervantes, 2006); la aparición de buenos diccionarios destinados a alumnos de ELE (Hernández, 2000) y obras que enseñan a utilizarlos (Martín, 1999; Leaney, 2007) y de diccionarios combinatorios como *Redes* (Bosque, 2004) o *Práctico* (Bosque, 2006), que permiten dar cuenta de las restricciones combinatorias de las palabras. Si a todo ello sumamos una razonable cantidad de materiales específicos para la enseñanza del léxico en España, podemos afirmar que estamos en una nueva era metodológica en la que el léxico recupera un papel preponderante.

3. RETOS

El hecho de que se haya avanzado mucho no implica que se haya recorrido todo el camino: nos centraremos en tres áreas que pueden desarrollarse notablemente en el futuro, desde nuestro punto de vista: la investigación, los materiales didácticos y las obras de referencia.

En cuanto a la investigación, tres temas parecen urgentes en este campo: en primer lugar, se precisan estudios que validen empíricamente las distintas propuestas metodológicas (Sánchez y Jiménez, 2015), ya que la investigación en una disciplina aplicada como la enseñanza de lenguas extranjeras debe partir del aula y volver a ella. Dichos trabajos pueden consistir en una investigación en acción en la que un profesor detecte un problema en su contexto y realice una intervención pedagógica para solucionarlo, o bien en estudios empíricos que comparen un tratamiento en unos grupos de aprendizaje frente a otros grupos de control, con el fin de demostrar la eficacia de una propuesta metodológica. En segundo lugar, este campo se vería muy beneficiado también de trabajos interdisciplinares que abordaran la enseñanza del léxico aplicando los avances de otras disciplinas (especialmente de la psicología y de la lingüística de corpus) y que los relacionaran con otros contenidos gramaticales, textuales y socioculturales. Por último, sería deseable un mayor contacto entre profesionales especializados en enseñanza del léxico en un ámbito internacional. ¿Qué respuestas podemos dar a estas preguntas? En España, ¿hay algún congreso específico sobre la enseñanza del léxico?, ¿hay alguna revista monográfica?, ¿se pueden consultar tesis doctorales y trabajos fin de máster sobre este tema?, ¿hay grupos de investigación sobre léxico y ELE?, ¿trabajan los expertos conjuntamente y comparten información? Parece evidente que queda un largo camino por recorrer, puesto que para realizar trabajos de gran envergadura será precisa la coordinación y la cooperación entre muchos profesionales.

Respecto a los productos para profesores y alumnos sobre léxico, si comparamos la disciplina con lo publicado para la enseñanza de inglés, veremos cuántos proyectos didácticos y lexicográficos podrían ver la luz para nuestra lengua y nuestro contexto: materiales específicos por niveles para practicar el léxico, o bien para practicar un tipo de unidad léxica (colocaciones, expresiones idiomáticas, bloques en general); estudios para determinar el léxico básico del español, etc. Por lo que respecta a la lexicografía, serían bien recibidas nuevas obras enfocadas a aprendientes de ELE, como diccionarios de colocaciones (Maldonado, en prensa) y de expresiones idiomáticas, para ayudar tanto a codificar como a descodificar mensajes.

Por último, algunas obras de referencia, como las nociones generales y específicas del *PCIC*, deberían actualizarse y ampliarse una década más tarde: por falta de espacio apenas se pudo incluir fraseología; no se recogen distintas variedades del español y sería preciso compararlas con distintos corpus y nuevas investigaciones sobre el léxico básico del español, un tema poco estudiado desde la publicación del trabajo de Davies (2006), pese a su decisiva importancia para profesores, alumnos, lexicógrafos y diseñadores de materiales y de exámenes.

4. HABILIDADES DEL PROFESOR DEL SIGLO XXI

Para finalizar, vamos a centrarnos en cómo debería ser el profesor del siglo XXI que está familiarizado con el esencial papel que juega el léxico en la comunicación y que evita caer en errores previos y en algunos falsos mitos (Folse, 2004). Esta revolución en la concepción del léxico y en su enseñanza implica evidentemente un nuevo reto, tanto para los profesores que precisan desarrollar nuevas habilidades, como para los formadores de estos profesores. Sin embargo, si repasamos los programas de diferentes másteres de nuestra disciplina en España contemplaremos, con desilusión, que todavía es poca la importancia concedida a la enseñanza del léxico en cursos de posgrado, en comparación, por ejemplo, con la gramática.

La lista de algunas de esas habilidades que comentamos a continuación no pretende ser exhaustiva: tan solo son unas pinceladas de algunos aspectos relevantes para la formación de profesores de ELE:

- Detectar y atender las necesidades léxicas de los alumnos. Si bien las clases muchas veces siguen una planificación establecida de antemano por el centro, en el campo del léxico se pueden proporcionar lecturas y audiciones acordes a los intereses y necesidades léxicas de cada alumno, para favorecer su motivación al tiempo que se crean oportunidades para el aprendizaje implícito.
- Saber presentar léxico (tanto palabras aisladas como unidades léxicas) de forma contextualizada y con su cotexto y resolver las dudas léxicas que plantee el alumno. El reto es inmenso, ya que muchos profesores de ELE no son nativos, el léxico es inabarcable y las preguntas del alumnado pueden estar originadas por influencia de su lengua materna. El profesor debe conocer un amplio repertorio de técnicas para enseñar palabras (Cervero y Pichardo, 2000; Nation, 2001; Thornbury, 2002; Ur, 2012); para enseñar colocaciones (Higueras, 2006a y 2017; Barrios, 2015) y para enseñar expresiones idiomáticas (Penadés, 1999). Todas ellas deberían apelar a distintos sentidos y estilos de aprendizaje, para explicar no solo el significado, sino también su gramática, su uso, su combinatoria y sus connotaciones. En el caso de grupos de unidades léxicas, debería aplicar criterios comunicativos y lingüísticos que permitieran crear redes entre palabras (Baralo, 2007; Estaire, 2007) y facilitar así su adquisición.

Desde nuestra óptica, las conceptualizaciones no son solo gramaticales: muchos aspectos léxicos pueden sistematizarse (Higueras, en prensa) para facilitar su enseñanza –por ejemplo, basándonos en la morfología o en la combinatoria de las palabras, que no es tan arbitraria como se pensó hace una década (Higueras, 2011)–.

- Enseñar bloques o *chunks*: la palabra no es el centro del universo léxico y dirigir la atención del alumno hacia unidades pluriverbales mejorará su fluidez y su adquisición (Lindstromberg y Boers, 2008). Conviene resaltarlos en el *input*, animar a su traducción en bloque, explicar el origen en el caso de expresiones opacas e insistir en la importancia de que el alumno las encuentre en el *input* que reciba, tanto en textos orales como escritos. Especialmente relevantes son las colocaciones, por la gran cantidad que hay en la lengua y porque pasan desapercibidas para el alumno, por ser transparentes.
- Fomentar la autonomía del alumno en cuanto al aprendizaje del léxico, ya que solo con la enseñanza explícita de clase sería insuficiente para aprender las cinco mil palabras necesarias para entender textos auténticos. Este entrenamiento estratégico debe modelarse y evaluarse en clase y será siempre respetuoso con la tradición cultural y las creencias del alumno, para no traicionar el espíritu de un verdadero enfoque y que no se convierta en un método prescriptivo. Invertir tiempo en que los alumnos aprendan a deducir por el contexto (Nation, 2001), a anotar coherentemente el léxico en sus cuadernos, a que repasen y vuelvan a repasar y a que usen las palabras que van aprendiendo puede ser la mejor manera de que se enfrenten con éxito a la ingente cantidad de léxico que van a necesitar para desenvolverse en español.
- Crear oportunidades para que se produzca un aprendizaje incidental: destacando la importancia de leer y escuchar textos, a través de la repetición de actividades, de la relectura de textos, de hacer el seguimiento de una noticia en la prensa, televisión o redes (*narrow-reading*), entre otras. La enseñanza del léxico no se limita a lo que el profesor planifica que va a enseñar (enseñanza explícita), ya que una gran parte recae en el aprendizaje indirecto que tiene lugar cuando el alumno está expuesto a *input* o realiza actividades que están centradas en el significado. Un profesor consciente de este aspecto debe buscar materiales para el aprendizaje del léxico que trasciendan el aula y motiven al alumno.
- Crear oportunidades para el uso del léxico: no debe perderse nunca el objetivo del aprendizaje del léxico en cada actividad o tarea que se realice en clase. La razón

es que el léxico que no se utilice en actividades de producción oral o escrita no será retenido.

- Ofrecer retroalimentación sobre errores léxicos que cometan los alumnos: son un excelente indicador de qué aspectos requieren una nueva sistematización o práctica. El profesor debería reflexionar sobre cómo lo hará, en función del tipo de actividad que se esté realizando y de otra serie de factores. En el caso de grupos monolingües, el profesor puede prever dificultades léxicas, anticiparse a ellas y ofrecer explicaciones y actividades que faciliten esa adquisición.
- Analizar críticamente la presencia del léxico en el manual y decidir en qué aspectos se puede completar, ya que no es posible que ningún manual dedique el número de actividades suficiente para que cada alumno se encuentre con cada palabra entre cinco y siete veces, cuando está demostrado que es necesaria una exposición reiterada al léxico nuevo para que se incorpore a nuestro léxico activo. Por lo tanto, todo profesor debería saber diseñar actividades para el aprendizaje explícito del léxico.
- Aplicar criterios para decidir qué léxico enseñar (Izquierdo, 2005), teniendo en cuenta su experiencia, las obras de referencia publicadas y, sobre todo, el contexto y las necesidades de sus alumnos.
- Evaluar el léxico periódicamente, para animar a los alumnos a que repasen y apliquen técnicas de memorización.
- Instruir al alumno en el uso de diccionarios (bilingües, monolingües, de combinatoria) e incorporarlos al aula, para que adquiera el hábito de consultarlos (Martín, 1999; Leaney, 2007).
- Proporcionar recursos de internet y enseñar a usarlos para que los alumnos sigan aprendiendo léxico fuera del aula: materiales didácticos en línea, diccionarios electrónicos (DAELE, DRAE, CLAVE), corpus (que se utilizan como bases de datos del léxico en contexto), aplicaciones, *podcasts*, páginas de juegos, etc.
- Saber explicar la cultura a través del léxico, tal y como sugiere el *PCIC*, ya que el inventario de Saberes y comportamientos socioculturales presenta la misma clasificación que el de Nociones específicas. De esta forma, el profesor puede reflexionar sobre qué aspectos culturales podría resaltar en algunas palabras de uso frecuente.

Como puede verse, y solo se han enunciado algunas de las habilidades que debería tener el docente para enseñar comunicativamente el léxico, hay todo un mundo de necesidades que potenciar y desarrollar. En resumen, podemos afirmar que es mucho lo ya recorrido y avanzado. Así mismo, es alentador saber que hay bastantes áreas de mejora y gran cantidad de proyectos en los que embarcarse, tanto desde el punto de vista de la investigación como de la formación o del diseño de materiales (didácticos o lexicográficos), para conseguir que el léxico ocupe el lugar que se merece en el día a día de la enseñanza de ELE.

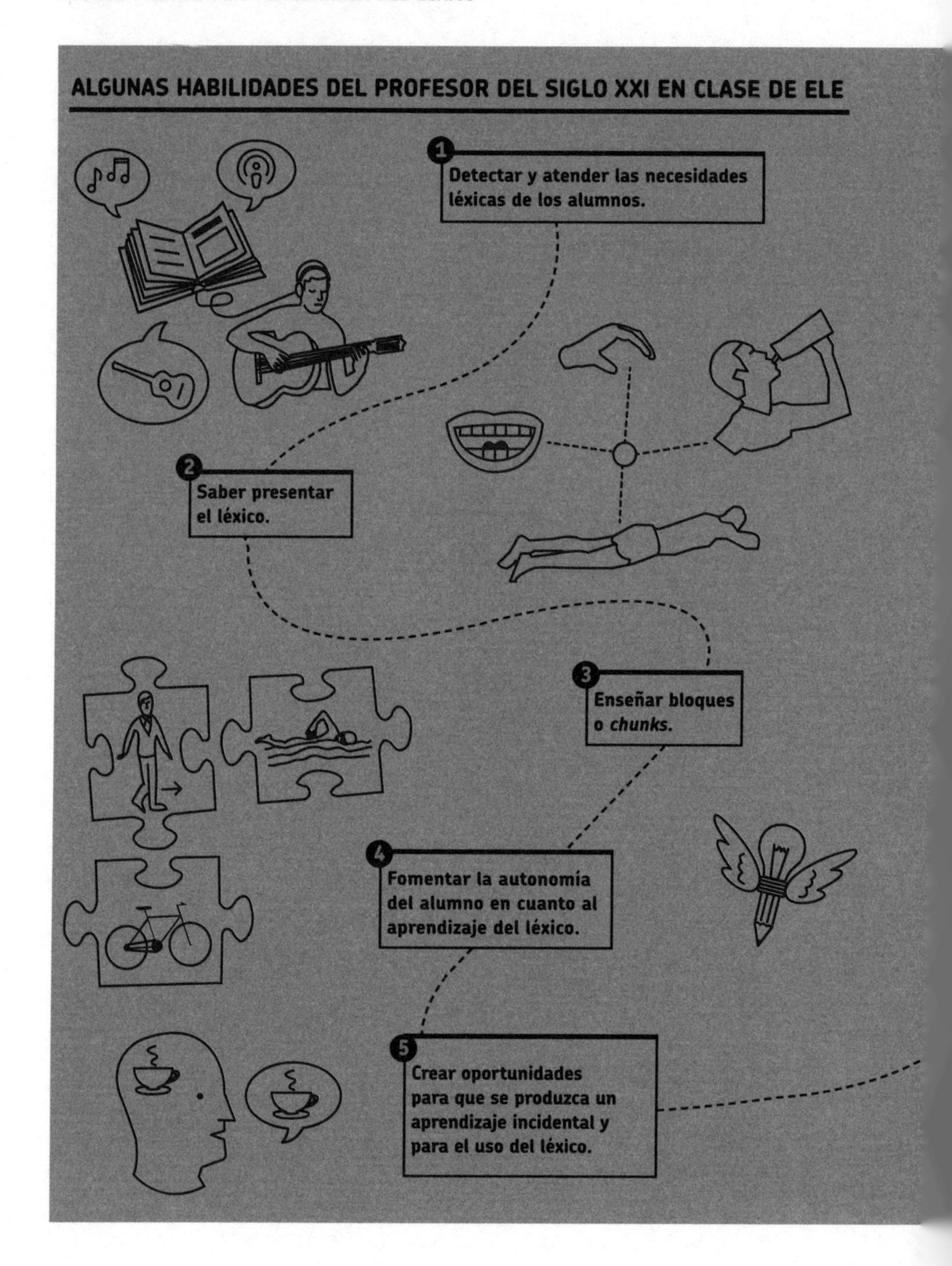
ALGUNAS HABILIDADES DEL PROFESOR DEL SIGLO XXI EN CLASE DE ELE
1
Detectar y atender las necesidades léxicas de los alumnos.
2
Saber presentar el léxico.
3
Enseñar bloques o *chunks*.
4
Fomentar la autonomía del alumno en cuanto al aprendizaje del léxico.
5
Crear oportunidades para que se produzca un aprendizaje incidental y para el uso del léxico.

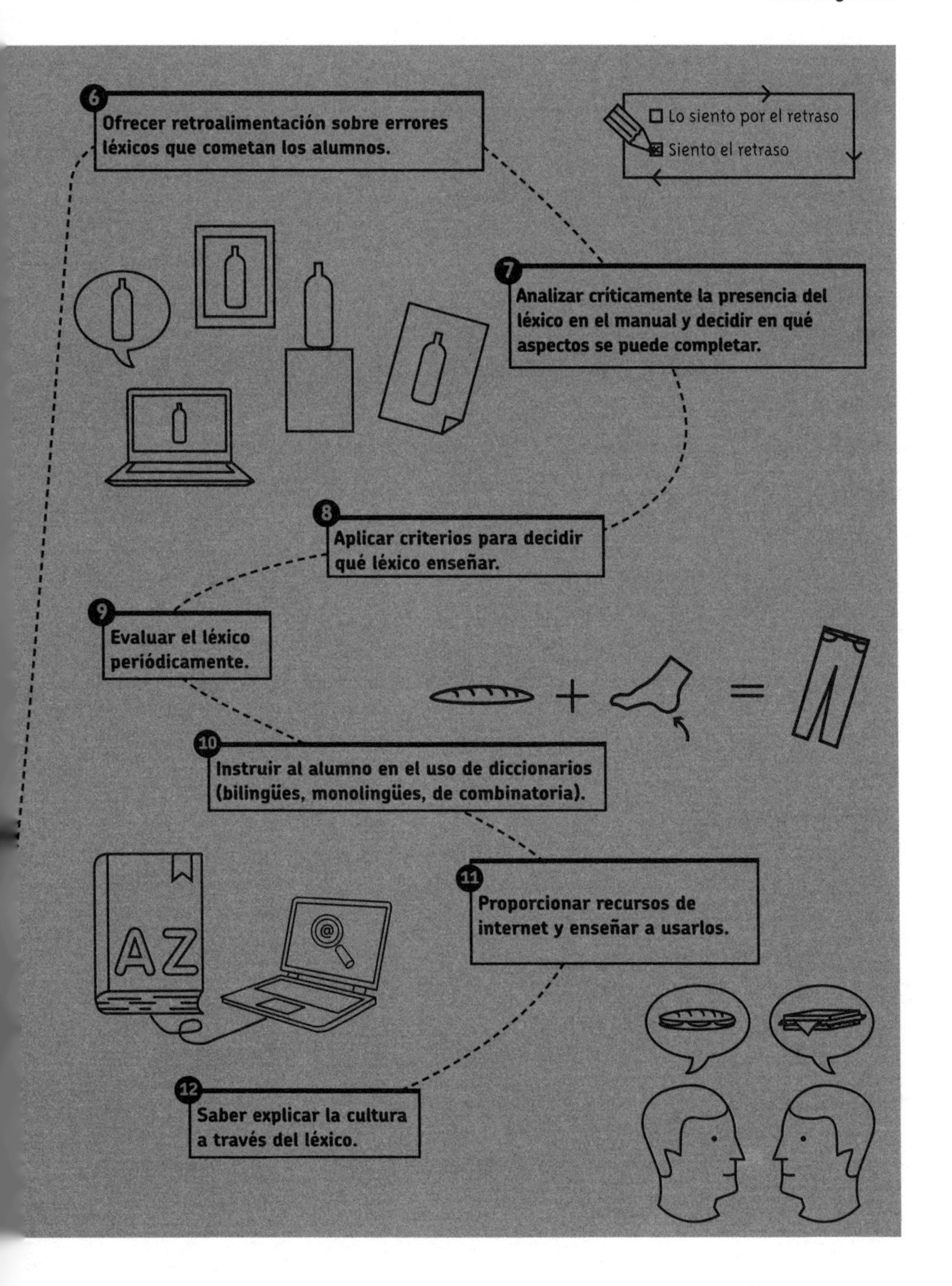
6
Ofrecer retroalimentación sobre errores léxicos que cometan los alumnos.
Lo siento por el retraso
Siento el retraso
7
Analizar críticamente la presencia del léxico en el manual y decidir en qué aspectos se puede completar.
8
Aplicar criterios para decidir qué léxico enseñar.
9
Evaluar el léxico periódicamente.
10
Instruir al alumno en el uso de diccionarios (bilingües, monolingües, de combinatoria).
AZ
11
Proporcionar recursos de internet y enseñar a usarlos.
12
Saber explicar la cultura a través del léxico.

BIBLIOGRAFÍA

Baralo, M. (2007). "Adquisición de palabras: redes semánticas y léxicas". *Actas del programa de formación para el profesorado de Múnich*, 2006-2007. Centro Virtual Cervantes. Disponible en: http://cvc.cervantes.es/ensenanza/biblioteca_ele/publicaciones_centros/PDF/munich_2006-2007/04_baralo.pdf

Barrios Rodríguez, M.ª A. (2015). *Las colocaciones en español*. Madrid: Arco/Libros S. L., colección Cuadernos de Lengua Española, 125.

Boers, F. y Lindstromberg, S. (2009). *Optimizing a Lexical Approach to Instructed Second Language Acquisition*. Nueva York: Palgrave MacMillan.

Bosque, I. (Dir.) (2004). *Redes. Diccionario combinatorio del español contemporáneo*. Madrid: SM.

Bosque, I. (Dir.) (2006). *Diccionario práctico combinatorio del español contemporáneo.* Madrid: SM.

Cervero, M.ª J. y **Pichardo, F.** (2000). *Aprender y enseñar vocabulario.* Madrid: Edelsa.

Davies, M. (2006). *A Frequency Dictionary of Spanish. Core vocabulary for learners*. Nueva York: Routledge.

Estaire, S. (2007). "Tareas para reciclar el léxico y ampliar sus redes asociativas". *Actas del Programa de formación para profesorado de Español como Lengua Extranjera 2006-2007.* Centro virtual cervantes. http://cvc.cervantes.es/ensenanza/biblioteca_ele/publicaciones_centros/PDF/munich_2006-2007/05_estaire.pdf

Folse, K. S. (2004). *Vocabulary Miths: Applying Second Language Research to Classroom Teaching.* Ann Arbor, MI: University of Michigan.

Hernández, H. (2000). "El diccionario en la enseñanza de ELE (Diccionarios de español para extranjeros)". *Actas del XI congreso internacional de ASELE.* Eds. Martín Zorraquino y Díez. Zaragoza: Universidad de Zaragoza, 93-103.

Higueras García, M. (2006a). *Las colocaciones y su enseñanza en la clase de ELE.* Madrid: Arco/Libros S. L.

Higueras García, M. (2006b). *Estudio de las colocaciones léxicas y su enseñanza en español como lengua extranjera*. Madrid: Ministerio de Educación y Ciencia, Monografías ASELE, 9.

Higueras García, M. (2011). "Lexical collocations and the learning of Spanish as a foreign language: state of the art and future p rojects". *Spanish Word Formation and Lexical Creation.* Eds. José Luis Cifuentes Honrubia y Susana Rodríguez Rosique. Ámsterdam: John Benjamins, 2011: 439-463.

Higueras García, M. (2017). "Pedagogical principles to teach collocations in the foreign language classroom" in Sergi Torner y Elisenda Bernal (Eds.) *Collocations and other lexical combinations in Spanish. Theoretical, Lexicographical and Applied Perspectives.* Abindon & New York: Routledge, 250-266.

Higueras García, M. (en prensa). "Cómo aplicar un enfoque léxico en la clase de lenguas extranjeras". Actas de las VIII Jornadas Didácticas del Instituto Cervantes de Mánchester, Centro Virtual Cervantes.

Instituto Cervantes (2006). *Plan curricular del Instituto Cervantes. Niveles de referencia para el español.* Madrid: Instituto Cervantes-Biblioteca nueva.

Izquierdo Gil, M.ª Carmen (2005). *La selección del léxico en la enseñanza de español como lengua extranjera.* Madrid: Monografías ASELE, 8.

Leaney, C. (2007). *Dictionary Activities.* Cambridge: Cambridge University Press.

Lewis, M. (1993). *The Lexical Approach.* Londres: Language Teaching Publications.

Lewis, M. (1997). *Implementing the Lexical Approach.* Londres: Language Teaching Publications.

Lewis, M. (2000). *Teaching collocation. Further Developments in the Lexical Approach.* Londres: Language Teaching Publications.

Lindstromberg, S. y **Boers F.** (2008). *Teaching Chunks of Language. From Noticing to Remembering.* Rum, Austria: Helbling Languages.

Maldonado, C. (en prensa). "Diccionario combinatorio de español como segunda lengua: una propuesta de trabajo". En Javier Lahuerta (Ed.). *Estudios dedicados al profesor Jesús Sánchez Lobato.* Madrid: SGEL.

Martín García, J. (1999). *El diccionario en la enseñanza de español.* Madrid: Arco/Libros S. L.

Martín Peris, E. (2017). "The Lexical Approach in SLT", in Sergi Torner y Elisenda Bernal (Eds.) *Collocations and other lexical combinations in Spanish. Theoretical, Lexicographical and Applied Perspectives.* Abindon y Nueva York: Routledge, 221-249.

Nation, P. (2001). *Learning Vocabulary in Another Language.* Cambridge: Cambridge University Press.

Penadés, I. (1999). *La enseñanza de expresiones idiomáticas.* Madrid: Arco/Libros S. L.

Sánchez Rufat, A. y Jiménez Calderón F. (2015). "Nuevas perspectivas sobre la adquisición y la enseñanza del vocabulario en español". *Journal of Spanish Language Teaching 2-2, 99-111.*

Thornbury, S. (2002). *How to Teach Vocabulary.* Harlow: Longman.

Ur, P. (2012). *Vocabulary Activities.* Cambridge: Cambridge University Press.

TEXTOS Y PALABRAS EN UN APRENDIZAJE DE ELE ORIENTADO A LA ACCIÓN

Ernesto Martín Peris
Universitat Pompeu Fabra

1. ¿POR QUÉ UN APRENDIZAJE BASADO EN LOS TEXTOS Y SU LÉXICO?

Ser competente en una lengua equivale a desenvolverse eficazmente con los textos de esa lengua, unos textos que se construyen con palabras. En este capítulo nos centraremos en las palabras, en cómo se relacionan entre sí y con el contexto para crear el mensaje de un texto[1]. Entenderemos el contexto en un doble plano: el sociohistórico (una particular cultura, en un país y una época concretos), y el situacional (un momento y un lugar precisos, unos participantes concretos).

En cuanto al aprendizaje de ELE, este consiste en algo más que el dominio de la correspondencia entre sus términos y estructuras y los de la L1 del aprendiz: es el desarrollo de la capacidad de participar (oralmente o por escrito, como emisor, receptor o interlocutor de un mensaje) en prácticas sociales realizadas en español. Este tipo de prácticas se caracterizan, en primer lugar, por originarse y evolucionar de manera diferente en cada sociedad –de ahí, la importancia del componente cultural en la comunicación y el aprendizaje (Candelier, 2013)–; en segundo lugar, porque en su realización ocupa un importante (si no fundamental) lugar el uso de la lengua (un uso que se da siempre mediante textos).

La teoría sociocultural postula una relación más profunda entre lengua y cultura: Lantolf & Thorne (2006) sostienen que aprender una nueva lengua requiere apropiarse eficazmente de un nuevo modelo cultural. Ello implica la adquisición de nuevos conocimientos conceptuales (y no meramente instrumentales) o la modificación de los ya existentes.

El siguiente texto nos servirá para ir ilustrando las ideas que vamos a exponer en este capítulo. Hay que tener presente que desenvolverse eficazmente con un texto como ese supone comprender su mensaje: el sentido literal y los sentidos figurados de sus expresiones; no necesariamente, ser capaz de producirlo. Por otra parte, en la web https://www.difusion.com/cuadernos-lexico-emp/ aportamos, a modo de ejemplo, una propuesta de explotación didáctica del texto, tomando en consideración esas ideas.

1 No abordaremos las propiedades del texto; remitimos a la bibliografía especializada (Calsamiglia y Tusón, 1999; López Ferrero y Martín Peris, 2013). Tampoco nos detendremos en la relación entre léxico y gramática, que es el tema de otro capítulo de este libro.

Matrimonios

JUAN JOSÉ MILLÁS

EL PAÍS, 5 DE MAYO DE 2006

Los matrimonios entre las palabras son más sólidos que los del Hollywood actual. Echas un vistazo al periódico y ahí están, envejeciendo juntos, términos como uranio enriquecido, despliegue militar, memoria frágil, asignatura pendiente, banda armada, seguridad privada, gas natural, guardia civil, páginas amarillas, realidad nacional, inyección moral, consejero delegado, comunicado oficial, inflación anual... Inflación, por cierto, es bígama, pues se la ve mucho también con subyacente. No es el único caso, pero sí uno de los más activos: hay días en los que aparece copulando con anual en la primera página y con subyacente en la segunda, es que no para. En cualquier caso, sería muy de agradecer que todos estos matrimonios hicieran un intercambio de parejas para alumbrar uniones más estimulantes: militar frágil, guardia amarillo, uranio moral, memoria enriquecida, seguridad civil...

Aunque no todos los matrimonios entre palabras son tan convencionales. Ayer encontré un trío: "Proyecto Gran Simio". Estos enlaces de tres palabras, sin ayuda de preposición o artículo que les ayude a articularse, constituyen rarezas muy interesantes. Proyecto Gran Simio. Sorprende la naturalidad con la que se pronuncia, la sencillez con la que sale de la boca, lo que quiere decir que los tres vocablos se llevan bien. Tal vez no se trate de un trío sexual, sino de una familia. Posiblemente, proyecto sea hijo de simio, que es a su vez cónyuge de gran. Ello explicaría la ausencia de conflicto. He aquí, en cualquier caso, un ejemplo de convivencia verbal del que, con la que está cayendo, deberíamos tomar nota.

Pero no es la única rareza con la que he tropezado esta semana. Así, entre los matrimonios convencionales, de sólo dos palabras, descubrí uno completamente nuevo, al menos para mí. Se trata de "inteligencia seductora". Di con él en la contraportada de *La Vanguardia* Inteligencia venía metiéndose en la cama hasta ahora con voces tales como diabólica, emocional, aguda, incluso con militar, pese a la incompatibilidad aparente, pero jamás con seductora. Me gusta este nuevo maridaje, inteligencia seductora. Lo que hace falta es que pase de la gramática a la realidad. Y que sea para bien.

2. RELACIONES ENTRE LÉXICO Y TEXTO

2.1. PALABRAS, MUNDO Y CULTURA

Según Bernárdez (2010: 47) "el significado de una palabra equivale al de un texto que representa, de forma expandida, el fragmento de la realidad al que hace referencia la palabra. Cuando un fragmento conceptualizado de realidad es suficientemente frecuente e importante en una sociedad, tenderá a expresarse en forma léxica"; por ejemplo, en inglés la expresión *Liz walked quietly and carefully with her heels raised and her weight on the balls of the feet out of the room*, puede reducirse a *Liz tiptoed out of the room*.

En relación con esta idea, observemos la presencia de la palabra *matrimonio* en el texto nº 1, que la usa tanto en su sentido literal (*los matrimonios de Hollywood*) como en sentido figurado (*matrimonio entre palabras*). En la definición del sentido literal de este término en el DRAE podemos comprobar el proceso descrito por Bernárdez: las anteriores ediciones del diccionario no incluían la segunda acepción ("En determinadas legislaciones, unión de dos personas del mismo sexo, concertada mediante ciertos ritos o formalidades legales, para establecer y mantener una comunidad de vida e intereses"), acepción que, en las futuras ediciones, probablemente quede fundida con la primera.

matrimonio.

(Del lat. *matrimonĭum*).

1. m. Unión de hombre y mujer, concertada mediante ciertos ritos o formalidades legales, para establecer y mantener una comunidad de vida e intereses.

2. m. En determinadas legislaciones, unión de dos personas del mismo sexo, concertada mediante ciertos ritos o formalidades legales, para establecer y mantener una comunidad de vida e intereses.

3. m. En el catolicismo, sacramento por el cual el hombre y la mujer se ligan perpetuamente con arreglo a las prescripciones de la Iglesia.

4. m. Pareja unida en matrimonio. *En este cuarto vive un matrimonio.*

5. m. *Am.* Fiesta o banquete con que se celebra un matrimonio.

Las lenguas conceptualizan de manera diferente una misma realidad. Así, traduciremos al español como *Liz salió de la habitación de puntillas* la expresión inglesa del texto de Bernárdez *Liz tiptoed out of the room*. Esto ilustra otro aspecto del léxico: el español no tiene un verbo para la acción de moverse de puntillas; el inglés no lo tiene para las de salir o entrar[2] . En el movimiento existen, entre otras, dos categorías: la trayectoria (*hacia adentro/afuera, hacia arriba/abajo...*) y el modo (*con ímpetu / pausadamente / de puntillas / a trompicones,* etc.). El español lexicaliza la trayectoria (*entrar/salir, subir/bajar...*) donde el inglés pone adverbios: *to go in/out, up/down*; el español los usa para el modo (*de puntillas, sigilosamente*), que el inglés lexicaliza (*to tiptoe*).

Una lengua puede conceptualizar la realidad con sustantivos (*el rayo*) o con verbos (*empezar*). Algunos nombres derivan de verbos (*la llegada* < *llegar*) y entonces heredan algunas de las propiedades del verbo; así, tanto *llegar* como *la llegada* implican la referencia a un agente que se mueve y a un destino hasta

2 No consideramos los latinismos: *to enter, to exit*.

el que va[3]; y ambos tienen su correspondiente realización sintáctica (el destino, en las preposiciones *a/hasta*; el agente, como sujeto gramatical del verbo (*el tren llegó*) o como complemento del nombre (*la llegada del tren*). En este sentido, Halliday (1993) habla de la *metáfora gramatical* como "la realización lingüística en nombres o frases nominales de procesos y atributos materiales": *Les sorprendió gratamente que el tren llegara puntual* se convierte en *Su grata sorpresa por la puntual llegada del tren*. Esta propiedad del léxico es relevante en el proceso de aprendizaje de las lenguas, dado que la realización verbal es más propia de la lengua oral informal y de las primeras etapas del desarrollo intelectual, en tanto que la nominal lo es de las etapas posteriores y de la lengua escrita.

2.2. DEL SIGNIFICADO AL SENTIDO DE LAS PALABRAS

La teoría sociocultural distingue entre significado y sentido. El significado de una palabra está en el sistema de la lengua, generalmente en la primera acepción del diccionario; el sentido lo crean los interlocutores al participar en una práctica social insertando la palabra en un texto. Tomemos, por ejemplo, la palabra *fuego*: sin perder su significado, adoptará diferentes sentidos cuando alguien (por ejemplo, con un encendedor en la mano) se dirige a su interlocutor, que tiene en la suya un cigarrillo apagado; o bien, si la dice alguien apuntando a una llama en el bosque cercano.

De paso, en estos dos ejemplos podemos observar sendos casos de textos de una sola palabra. Habitualmente los textos constan de muchas palabras; estas, en un intercambio de relaciones intratextuales e intertextuales, precisan mutuamente un significado que antes de llegar al texto era impreciso, era solo *potencial de significación*. A esa capacidad de los interlocutores para conferirle sentido al significado, Vygotsky la denominó *meaning potential*, "potencial de significación" (Lantolf & Thorne, 2006: 12).

Es este un fenómeno distinto al de la polisemia. Podemos ilustrar tal diferencia, siguiendo a Lantolf & Thorne (*Ibid.*), con la palabra *trabajar*. Con su primera acepción del DRAE ("Ocuparse en cualquier actividad física o intelectual"), entenderemos que la frase *Carlos está trabajando* indica que Carlos está ocupado en algo. Veamos ahora cómo se crean sentidos diferentes de esta palabra en dos conversaciones distintas. En la primera, una amiga telefonea a la esposa de Carlos: *Y el vagoneta de tu marido estará en el sofá viendo la tele, ¿no?*, y ella: *Pues no, está trabajando en el jardín, segando el césped*. En

3 En la realidad extralingüística existe lógicamente un punto de partida, pero la estructura léxica de *llegar/la llegada* no lo recoge

la segunda, llama un amigo de Carlos para proponerle una partida de tenis: *¿Aún está en la oficina, trabajando?*, y ella: *No, ya ha vuelto; está segando el césped.*

2.3. LAS METÁFORAS CONCEPTUALES

El potencial de significación de las palabras se actualiza de diversas formas. Una de ellas es la de las metáforas conceptuales. La palabra *hervir*, por ejemplo: hierve el agua a 100º (esto sucede en todas partes); pero si oímos que a alguien *le hierve la sangre* no entendemos que la tiene a 100º (o a aquellos en los que se produzca la ebullición del líquido sanguíneo), sino que está muy enfadado; ello se debe a que nuestro modelo cultural ve el cuerpo como un recipiente de emociones, y la ira como un aumento de la temperatura (lo que no sucede en todas las lenguas, aunque pueda suceder en muchas de ellas). Por eso decimos, también, *sentir una profunda emoción* (muy adentro en ese contenedor de emociones) o *estallar en sollozos.* Se trata, efectivamente, de un sentido figurado, metafórico. Pero no estamos ante la metáfora como tropo (*el oro de sus cabellos*); estamos ante las "metáforas de la vida cotidiana" descritas por Lakoff y Johnson (1980). A este respecto, la lingüística cognitiva distingue entre metáforas primarias, universales, (*arriba es más y mejor; abajo es menos y peor*; así decimos *Me han subido el sueldo, Tiene un elevado concepto de sí mismo*) y secundarias (*hervir la sangre*), propias de una cultura (aunque, insistimos, no exclusivas de ella).

Estas metáforas se encuentran en la base de los textos y las palabras con que estos se construyen; también, en los dichos y refranes: ¿cómo interpretaríamos nosotros el refrán rumano *El hombre es un pavo real en el mundo*? Probablemente, como una alusión a la vanidad de los varones. En la sociedad rumana, sin embargo, se refiere a la indefensión del ser humano: el pavo real es un ave, pero su tamaño le impide volar y queda fácilmente atrapado entre los matorrales[4].

El texto nº 1 usa una metáfora conceptual al hablar de *matrimonios sólidos.* La solidez es una cualidad de la materia, pero podemos aplicarla al matrimonio, concebido metafóricamente como una unión material. Por eso también se le pueden aplicar otras cualidades: indisolubilidad, ruptura, (in)compatibilidad de partes, etc.

2.4. LOS MARCOS DE CONOCIMIENTO

Nuestra mente estructura el conocimiento del mundo en unos esquemas o marcos que integran en un conjunto de interrelaciones las diversas conceptualizaciones de la realidad. Los textos se construyen y se interpretan mediante el recurso a estos

4 Müller, H. *Mi patria era una semilla de manzana.* (Madrid: Siruela, 2016: 81).

esquemas. Una revista de actualidad, por ejemplo, entrevistaba recientemente a una nueva artista de flamenco; en un fragmento destacado se lee: "No siento el peso de alguien nacido en una saga de cantaoras. Yo quiero explicar el flamenco desde mi persona". La entrevistada cuenta con que los lectores comprenderán sus palabras, pues recurre a unos marcos que comparte con ellos: es frecuente que las cantaoras provengan de una familia cuyos miembros se han dedicado al mismo arte, lo que conforma una saga; de la pertenencia a una saga derivan unas expectativas de calidad en su arte, que pueden convertirse en eso que otra de las metáforas utilizadas denomina como "un peso"; y estos artistas pertenecientes a una saga, aun asumiendo la tradición profesional de su familia, aspiran a seguir su propio camino, lo que se expresa mediante nuevas metáforas, que están en la base del enunciado "*explicar* el flamenco *desde* mi persona".

Cuando un marco ha sido activado en la mente de los interlocutores, todos los elementos que lo integran forman parte automáticamente del contexto de comunicación, lo cual tiene repercusiones en el nivel morfosintáctico, por ejemplo, con el uso del artículo, como en la siguiente expresión: *Fue un curso muy bueno. Pero aún no me ha llegado el certificado de asistencia. Ni *el pronóstico*. La participación en un curso comporta habitualmente la expedición de un certificado de asistencia; de ahí, el uso del artículo determinado. No sucede lo mismo con la emisión de un pronóstico, por lo que el receptor del mensaje, en ausencia de otros datos sobre el contexto, se preguntará de qué pronóstico se trata.

El autor del texto nº 1 recurre a tres marcos: los del matrimonio, el lenguaje y la prensa. El marco del matrimonio en nuestra cultura contiene las nociones de convivencia, relación sexual, procreación y formación de una familia. Y cada una de ellas incluye otras que lo completan: así, en el texto se habla de *tríos*, de *intercambio de parejas* o de *meterse en la cama* y, aunque ninguna de estas unidades léxicas se refiere en su significado (unívoco) a la vida sexual, los lectores así las interpretamos, en una negociación de sentido con el autor, que nos ha activado inicialmente el marco del matrimonio.

3. QUÉ ES UN TEXTO

Según el DTCELE el texto, "producto verbal oral o escrito, es la unidad mínima con plenitud de sentido, que se establece mediante procedimientos de negociación entre emisor y receptor, y que se mantiene en una línea de continuidad de principio a fin" (Martín Peris, 2008). Todos los textos poseen unas características comunes, que podemos observar en el siguiente cuadro:

Características de los textos	"Matrimonios", de J. J. Millás
Un propósito comunicativo	Criticar algunos aspectos de la situación sociopolítica actual
Un tema (con el que es coherente todo lo que se dice en el texto)	El reflejo de esos aspectos en las expresiones lingüísticas
Un contexto sociohistórico	La sociedad española de principios del s. XXI
Una situación concreta	Escritor que opina periódicamente en la prensa y público indeterminado al que se dirige
Un mensaje	"Las condiciones actuales pueden cambiar si se actúa con un poco de imaginación (2° párrafo) y de inteligencia (3er párrafo)"
Pertenencia a un género	Columna de prensa

A todo ello hay que añadir otra propiedad más: la multimodalidad. La lengua está imbricada con otros sistemas semióticos (en textos orales: proxémica, gestualidad, eventualmente música, etc.; en textos escritos: grafismos, imágenes, tipografía y disposición en la página, etc.).

Los textos, por otra parte, presentan una gran variedad. Primero, por sus diferentes tipos: narrativos, descriptivos, explicativos, argumentativos, dialogados (Adam, 2006). Estos tipos, más que textos completos, son secuencias textuales: en un diálogo puede aparecer una secuencia narrativa o descriptiva; en una narración, una secuencia descriptiva o dialogada. Luego, por los géneros (López Ferrero y Martín Peris, 2013). Así, como textos dialogados encontramos, entre otros, entrevistas, interrogatorios, tertulias o debates. Y cada género tiene subgéneros: una entrevista de trabajo, una entrevista en la prensa a una persona célebre, una entrevista de negocios, etc. Finalmente, existe otra variedad inherente a los textos, relacionada con el papel de sus interlocutores: la competencia para comprenderlos y la competencia para producirlos; todas las personas con una cultura básica pueden leer y comprender un editorial de prensa, pero no todas ellas los escriben. Como señalábamos al principio, la competencia en el uso de la lengua es la competencia en el uso de los textos; y, dada la variedad de textos (por tipos y por géneros), esa competencia incluirá capacidades muy diversas según el tipo y el género del texto en cuestión, más allá del dominio de las reglas del sistema de la lengua.

4. ¿QUÉ ES UNA PALABRA?

La palabra es una unidad lingüística muy comúnmente nombrada pero de compleja definición. En lexicología se habla de "unidades léxicas"; según Gómez Molina (2004: 27) "constituyen los elementos mínimos para la comunicación interpersonal, puesto que los hablantes [...], cuando procesamos la información [...], categorizamos y organizamos los signos lingüísticos en diferentes unidades o segmentos léxicos [...] y así las almacenamos en nuestro lexicón mental". A todo ello nos hemos referido, desde otra perspectiva, en los apartados precedentes.

Existen unidades léxicas monoverbales (palabras) y pluriverbales (combinaciones, colocaciones, etc.). Las palabras se componen de morfemas léxicos y gramaticales (los términos *explicar*, *explicación*, *inexplicablemente*, comparten el lexema *-explic-*); esta distinción también se aplica a las palabras: palabras léxicas (nombres, verbos, adjetivos, adverbios) y palabras gramaticales (pronombres, preposiciones, conjunciones). Las unidades y segmentos de nivel superior al de la palabra son muy abundantes en todo tipo de textos, como puede comprobarse en el texto nº 1:

- **Combinaciones**: todas aquellas colocaciones con que el autor ilustra su argumento (*uranio enriquecido, despliegue militar, memoria frágil...*).
- **Unidades pluriverbales**: *echar un vistazo, ahí están, he aquí, llevarse bien, tomar nota, di con él, meterse en la cama, intercambio de parejas, a su vez.*
- **Fraseología**: *es que no para, sería muy de agradecer, salir de la boca, con la que está cayendo, ahí están, lo que hace falta es que, y que sea para bien.*
- **Construcciones convencionales**: *sorprende la naturalidad con que; pero no es la única [...] que [...]; entre los [...] descubrí (hay / encontré, tenemos) uno [...]; al menos para mí; lo que quiere decir que...*

Esta breve relación de tipos de unidades léxicas presentes en nuestro texto de referencia nos da una idea de la importancia de prestar atención, en la enseñanza de ELE, a los distintos fenómenos léxicos, más allá del nivel de la palabra.

5. CONCLUSIÓN

Todo lo anteriormente expuesto nos da pie para explorar nuevas posibilidades en la didáctica. La propuesta[5] que ofrecemos en el enlace (http: https://www.difusion.com/cuadernos-lexico-emp/), dentro de un aprendizaje orientado a la acción y centrada en el tratamiento de las metáforas conceptuales y los esquemas de conocimiento, no es una alternativa a los enfoques actualmente vigentes, sino más bien un complemento en algunos de sus aspectos.

5 En aras de la brevedad, nos limitaremos a destacar aquellos contenidos del texto que proponemos abordar relacionados con las metáforas conceptuales y los esquemas de conocimiento.

BIBLIOGRAFÍA

Adam, J. M. (1992) *Les textes: types et prototypes. Récit, description, argumentation, explication et dialogue.* París: Nathan.

Bernárdez, E. (2010) "El léxico como motor de organización del texto", *Revista de investigación lingüística* 13: 45-65.

Calsamiglia, H. y **Tusón, A.** (1999). *Las cosas del decir. Manual de análisis del discurso.* Barcelona: Ariel.

Candelier, M. (coordinador) (2013). *Marco de Referencia para los Enfoques Plurales de las Lenguas y de las Culturas.* Graz: Consejo de Europa. http://carap.ecml.at/Portals/11/documents/CARAP-documents/CARAP-ES-web.pdf

Gómez M. y **José R.** (2004). "Las unidades léxicas en español", *Carabela 56*: 27-50.

Halliday, M.A.K. (1993). "Towards a Language-Based Theory of Learning". *Linguistics and Education* 5: 93-116. http://lchc.ucsd.edu/mca/Paper/JuneJuly05/HallidayLangBased.pdf

Higueras García, M. (2017). "Pedagogical principles for the teaching of collocations in the foreign language classroom", en Torner & Bernal 2017. 251-266.

Lantolf, J. P. & **Thorne, Steven L.** (2006). *Sociocultural Theory and the Genesis of Second Language Development*. Oxford: Oxford University Press.

López Ferrero, C. & **Battaner, P.** (2017). "Learning spanish L1 vocabulary in context", en Torner & Bernal 2017. 267-286.

López Ferrero, C. y **Martín Peris, E.** (2013). *Textos y aprendizaje de lenguas. Elementos de lingüística textual para profesores de ELE*. Madrid: SGEL.

Martín Peris, E. (dir.) y otros (2008). *Diccionario de términos clave de ELE.* Madrid: SGEL. http://cvc.cervantes.es/ensenanza/biblioteca_ele/asele/pdf/21/21_1117.pdf

Martín Peris, E. (2017). "The lexical approach in SLT", en Torner & Bernal 2017. 267-286. 225-249.

Torner, S. & **Bernal, E.** (eds.) (2017). *Collocations and Other Lexical Combinations in Spanish. Theoretical, Lexicographical, and Applied Perspectives.* London, Routledge.

CATEGORIZACIÓN Y COMBINATORIA: ALGUNAS PREGUNTAS SOBRE EL FUNCIONAMIENTO DEL SISTEMA LÉXICO

Iñaki Tarrés
Instituto Cervantes de Berlín

1. INTRODUCCIÓN: EL PUNTO DE PARTIDA EN LA PRÁCTICA DE CLASE

El componente léxico de un idioma extranjero puede tener, para el alumno que lo estudia, el aspecto del propio mundo que parece querer representar: un conjunto de entidades, conceptos, objetos, lugares, acciones, etc., extenso, caótico, inconexo y desorientador. "¿Por dónde empiezo?" y más aún "¿cómo lo organizo?". El aprendizaje formal de una lengua extranjera presenta la gramática en forma de reglas sistemáticas, descritas con mayor o menor fortuna, pero asimilables y finitas. El componente léxico, por su extensión, parece no tener estructura, y en especial no suele tener, en la clase de ELE ni en los manuales, el mismo tratamiento sistemático que el componente gramatical.

Pero hay más preguntas que nos planteamos los profesores. ¿Por qué a nuestros alumnos les cuesta tanto aprender palabras? ¿Cómo insertan ellos y ellas el conocimiento léxico en el conocimiento general de la lengua? ¿Por qué existe esa distancia entre la comprensión del componente léxico y su uso, es decir, su actualización en el momento de la comunicación, en especial la oral? Si comparamos el aprendizaje de este componente con el de otros ámbitos lingüísticos presentes en nuestras clases, podemos decir que se encuentra en un estado muy precario de desarrollo. Es verdad que metodológicamente el vocabulario ha dejado hace tiempo de ser una simple lista de palabras con sus correspondientes traducciones, y es posible que la afirmación de Pinker (1994):

> A diferencia de lo que ocurre con la gramática mental, el léxico mental no tiene el pedigrí. Aparentemente no es más que un saco de palabras revueltas que van entrando en la cabeza por un simple proceso de memorización [...] Esta opinión es injusta.

o la de Morante Vallejo (2005):

> ¿En qué consiste el proceso de desarrollo léxico de una segunda lengua? La primera observación que cabe realizar es que el desarrollo del lexicón es un proceso poco entendido. [...] Unas de las razones por las que este proceso está por explicar es que el léxico en sí es un componente desconocido.

hayan sido ya parcialmente superadas. Sin embargo, una parte de los manuales y buena parte de los alumnos siguen asumiendo la imagen del léxico como un listado infinito.

En este artículo intentaremos responder a dos preguntas que yo mismo, como profesor de ELE, me hago continuamente: ¿existe una estructura del léxico comparable a la de la gramática? ¿Esa estructura supone la necesidad de un tratamiento específico en nuestras clases de ELE tanto en el diseño de materiales como en el discurso del profesor? Respecto a la primera, quiero proponer en este artículo que existe dicha estructura y que se sustenta en dos procedimientos: la categorización tal y como en general se concibe en la lingüística cognitiva, y la restricción combinatoria tal y como la describe el académico Ignacio Bosque en la introducción de su diccionario *Redes* (2004). La segunda pregunta la dejaré para el final.

2. CATEGORIZACIÓN: ORGANIZACIÓN DEL MUNDO Y ORGANIZACIÓN DEL LÉXICO

¿Qué es, a fin de cuentas, una palabra? Ya sabemos que se trata de mucho más que de la unión de una imagen fonética y un concepto. La palabra es un complejo de significados en el que el referencial, la imagen que habitualmente activa, es solo uno más de sus contenidos. Una palabra, como argumenta Trujillo (1988), no es el concepto que representa, o no es solo ese concepto. La palabra *vaso* no es solo el objeto que usamos para beber agua. Ante todo, una palabra es una entidad lingüística, pero en esta primera parte vamos a centrarnos en su función de transmisor de un concepto, vamos a limitarnos a creer que una palabra es un concepto, pues, de hecho, la lingüística cognitiva habla en general de conceptos. Vamos a seguir fundamentalmente las enseñanzas de Cuenca y Hilferty (1999) y las de Croft y Cruse (2004).

Para la lingüística cognitiva, la categorización es uno de los procesos cognitivos fundamentales en la organización de la información obtenida de la realidad percibida. Se trata de un procedimiento natural que actúa en el ámbito lingüístico organizando los conceptos en grupos que disponen de una estructura interna de tipo jerárquico donde los miembros tienen distintos valores, como veremos a continuación. Esos grupos se llaman *categorías*. En el siguiente listado el lector puede reconocer fácilmente cinco grupos de cinco palabras cada uno. Le invito a organizarlas.

león	cama	albañil	estantería	aumentar
policía	oropéndola	fontanero	verde	galán de noche
perro	azul	armario	rosa	añil
silla	añadir	cura	sumar	extender
ladrón	crecer	jirafa	butano	ballena

A esos grupos podemos añadir etiquetas que nos ofrece la misma lengua:

animales	muebles	profesiones	colores	¿?

Podemos hacer el ejercicio al revés: pediremos a un hablante nativo que dé ejemplos de animales, de muebles y de profesiones. Podremos comprobar, si repetimos la prueba suficientes veces hasta que sea representativa desde el punto de vista estadístico, que palabras como *oropéndola*, *ladrón* o *butano* (entendido como color) no aparecerán en su grupo. La palabra *perro*, en cambio, aparecerá con harta frecuencia, por lo que podemos decir que es más representativa de su grupo que *oropéndola*. De la misma manera, se puede discutir si *ladrón* es una profesión o no, porque dependerá, lógicamente, del concepto de profesión, y muchas menos veces aparecerá en el grupo de los muebles la palabra *galán de noche*, esa especie de perchero para poner la ropa elegante que no he visto nunca en Ikea, quizá justamente porque no es de los muebles más utilizados y, por tanto, no se incluye en el catálogo de una tienda de muebles generalista; o, quizá, porque no lo necesitamos y, por tanto, desconocemos su existencia; o porque no corresponde a nuestra cultura; o porque lo relacionamos con un contexto muy específico, por ejemplo, un hotel de lujo. Sea por la razón que sea (como se ve, hemos propuesto razones extralingüísticas), el galán de noche no es el más representativo de los ejemplares de su clase.

Si comparamos con otras lenguas, podemos ver que, por ejemplo, un alemán no categoriza la palabra *Glas* de la misma manera que un hispanohablante categoriza *vaso*, porque el término alemán se refiere al material y el español, a la forma, lo que permite distintos usos metafóricos, como *vaso comunicante* o *vaso sanguíneo*, algo imposible en alemán. El ejemplo contrario lo tenemos con la palabra alemana *Scheibe*, que corresponde, por la forma, a una rebanada de pan o a una rodaja de jamón, pero también al limpiaparabrisas o a las zapatas de los frenos del coche.

Croft y Cruse (2004) describen en sus experimentos este proceso de identificación de la pertenencia de un ítem, ya sea una palabra o un rasgo semántico, al grupo. De ahí procede la idea de que hay en toda categoría ejemplos más representativos, llamados *prototipos*. Eso supone una estructura dentro de la categoría: hay un grupo de ejemplos más representativos que formarían un centro, frente a otros más periféricos dentro de la categoría. Es más, no se trataría ya de ejemplos concretos, sino de rasgos centrales que se ven mejor representados por ciertos miembros que por otros y que conforman el llamado *nivel básico*, "que contiene la mayor cantidad de información sobre la categoría y que requiere asimismo un menor esfuerzo cognitivo" (Cuenca y Hilferty, 1999: 34).

De esta forma, organizamos el conocimiento del mundo gracias a la categorización. Recordemos aquella escena de la película de Almodóvar, *Mujeres al borde de un ataque de nervios*, en la que uno de los personajes dice: "Yo lo que quiero es una casa, y esto no es una casa casa". El personaje se refiere, evidentemente, a un concepto de tipo cultural, y demuestra que los rasgos que establecen el nivel básico pueden cambiar entre personas y entre culturas. La cuestión fundamental para nosotros es si existen categorías con rasgos no extralingüísticos, sino contenidos en la palabra, y si podemos postular, por tanto, que organizamos el conocimiento léxico a partir de rasgos categorizables intrínsecos a la lengua, de manera que cuando adquirimos una palabra nueva, la insertamos inmediatamente en su categoría léxica, cuyos rasgos comparten todos los hablantes de la lengua. Eso supondría, por ejemplo, que si no hay una categoría donde insertar una palabra nueva, es improbable que la vayamos a adquirir o a producir porque necesitaremos un esfuerzo cognitivo superior. Queda por establecer si las categorías son previas a las palabras o si se generan en el transcurso del aprendizaje, de manera que este implica la relocalización de palabras. En cualquier caso, este proceso, ¿no explicaría en parte la dificultad que supone para nuestros alumnos el aprendizaje del léxico? Pero dejemos por ahora las preguntas referentes a nuestra actuación en clase.

En mucha de la bibliografía consultada se trabaja con sustantivos. ¿Qué pasa con los verbos? En la tarea anterior había un grupo de verbos, ¿estaban todos relacionados?, ¿podemos adjudicarles una etiqueta como a los animales, los muebles, los colores o las profesiones? Haga el lector la prueba con la siguiente lista y establezca cuatro grupos de verbos:

saber	combinar	elegir	revolver
juzgar	expulsar	calificar	echar
alejar	aislar	repartir	mezclar
remover	distribuir	componer	regalar
apartar	entregar	intercambiar	examinar

El resultado se parecerá mucho al siguiente:

¿?	¿?	¿?	¿?
mezclar	juzgar	echar	intercambiar
revolver	saber	apartar	repartir
remover	calificar	aislar	distribuir
combinar	examinar	expulsar	entregar
componer	elegir	alejar	regalar

Es interesante comprobar que profesores de ELE de nacionalidades diferentes que trabajan en países diferentes (casi todos hispanohablantes) establecieron esos mismos grupos en talleres de formación. Y eso que es difícil poner una etiqueta a cada grupo (luego veremos cómo lo hace el diccionario *Redes*). Pareciera que el conocimiento categorial de esos verbos esté de tal manera compartido que todos los nativos llegamos a los mismos grupos. Podríamos quizá discutir si el verbo situado en la primera línea de la tabla es el ejemplo prototípico de la categoría, pero su inclusión en ese grupo y no en el de al lado es difícil de poner en duda. Se diría, pues, que podemos transferir el mecanismo cognitivo de la categorización de la realidad fenomenológica al ámbito del léxico y que este está formado por categorías establecidas por la lengua que constituyen un conocimiento adquirido con el aprendizaje de la misma. Veamos en el siguiente apartado hasta qué punto esto es así.

3. COMBINATORIA: CRITERIOS PARA COMBINAR PALABRAS

En esta tarea, se trata de escribir en los casilleros correspondientes a cada verbo tres sustantivos de la lista con los que dicho verbo se combina.

errar	
derrumbarse	
nublarse	

una oportunidad
la mente
el pensamiento
las ilusiones
la fama
el camino
la memoria
el diagnóstico
el precio

El académico Ignacio Bosque, en la introducción al diccionario *Redes*, plantea la cuestión terminológica de si llamarlo *colocaciones* o *combinaciones*, yo usaré el segundo término. No es necesario abundar en la distinción que hace el académico entre las combinaciones físicas, las derivadas de la experiencia del mundo (*sentarse* se podrá combinar con cualquier cosa que disponga de una superficie mínima, así que las posibilidades son enormes, pero no las restringe la lengua), y las combinaciones restrictivas, que son las que efectivamente establece la lengua, y que son las que nos interesan. Porque, ¿cómo puede llegar el idioma de la idea de *sentarse en la silla* a la de *sentar la cabeza* o a la de *sentar cátedra*? Esa posibilidad debe estar contenida en el sistema, es decir, en la estructura léxica, en las posibilidades combinatorias del verbo *sentar/sentarse*, porque no puede haber dentro de la lengua nada que no sea sistema: la expresión *sentar la cabeza* es tan sistemática como *sentarse en una silla*.

Por cierto, la solución de la tarea sería la siguiente:

errar	una oportunidad el camino el diagnóstico
derrumbarse	las ilusiones la fama el precio
nublarse	la mente el pensamiento la memoria

Bosque describe el procedimiento que siguieron para la composición del diccionario a partir de un corpus extenso de textos del mundo hispánico y de un programa informático que selecciona las combinaciones de un cuerpo léxico establecido previamente. A partir de los listados de palabras, un equipo se dedicó a establecer los grupos de palabras (las categorías, definidas con fórmulas del tipo "Sustantivos que designan…") con los que se combinan las palabras seleccionadas previamente, por ejemplo, *nublarse la mente*, *el pensamiento*, *la memoria*, etc. Así, llegaron, entre otras, a la siguiente conclusión, bastante sorprendente:

> Parece evidente que la mejor información [de una palabra] en la que podemos pensar –sea la que sea– no nos permitiría obtener automáticamente la lista [de combinaciones restrictivas de esa palabra]. Pero es igualmente evidente que, aunque los diccionarios no se ocupen de ella, la información que la lista contiene forma parte del conocimiento lingüístico que los hablantes poseen del español. (Bosque, 2004: XCIII)

En definitiva, las palabras se combinan con palabras y no lo hacen con criterios del mundo, sino con criterios intrínsecos a la lengua que todos poseemos en cuanto usuarios de la misma lengua. Y en este punto deberíamos quizá volver a la idea inicial: no estamos hablando de conceptos, sino de palabras, porque una cosa es lo que significa una palabra y otra cómo se usa. O no: quizá el significado de una palabra solo es posible definirlo a partir del conjunto de las palabras con las que se combina. Veamos un ejemplo.

El verbo *cometer* lo define el diccionario de la RAE de esta manera:

Del lat. *committĕre*.
1. tr. Caer o incurrir en una culpa, yerro, falta, etc.
2. tr. Usar una figura retórica o gramatical.
3. tr. Com. Dar comisión mercantil.
4. tr. p. us. Dicho de una persona: Ceder sus funciones a otra, poniendo a su cargo y cuidado algún negocio.

¿Puede esa definición, o la que podamos proporcionar, llevar al alumno a saber con qué términos se combina? El alumno podría actuar como Ignacio Bosque y su equipo, leyendo mucho, tomando notas y llegando a formar grupos de palabras, es decir, haciendo categorías en torno a ese verbo, con un resultado como este:

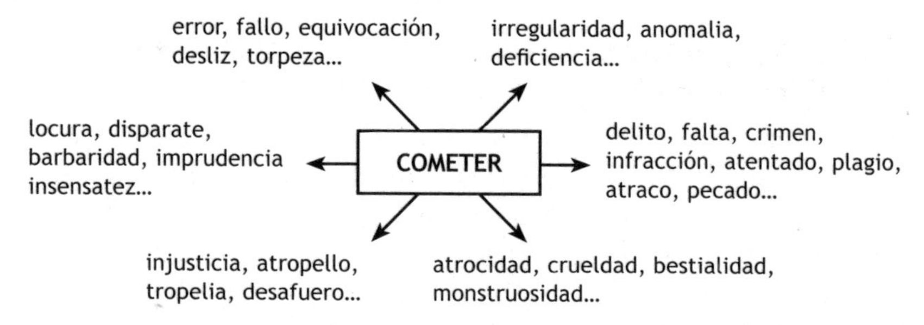

Fuente : *Redes. Diccionario combinatorio del español contemporáneo*. (Bosque: 2004)

Una vez que el estudiante ha aprendido todas esas palabras y tiene una idea más aproximada de la extensión de ese verbo, ¿podrá saber si en español es posible *cometer una chapuza*, *un engaño*, *una extorsión*, *un timo* o *una copia ilegal*? Porque la respuesta es que no, por ejemplo no se puede **cometer una copia ilegal*. Para un nativo es natural, pero no lo es para nuestros alumnos. Otros ejemplos: se puede *practicar un deporte* y se puede *jugar al fútbol*, pero ¿se puede **jugar un deporte?* Tomemos el verbo *emerger* y su participio *emergente*: un submarino que emerge de las aguas no es un **submarino emergente*, una *economía emergente* no emerge del mar, sino de una situación de pobreza o subdesarrollo. Lo mismo pasa entre los verbos y los sustantivos abstractos formados a partir de esos verbos. ¿Cómo puede ser que no podamos establecer las mismas combinaciones con el verbo y con el participio presente de ese mismo verbo o con el sustantivo? ¿Significa eso que "emerger" y "emergente" son dos significados o conceptos diferentes porque tienen posibilidades combinatorias diferentes, aunque compartan la misma raíz? Es decir, las restricciones combinatorias –y de la misma manera los rasgos semánticos– no se trasladan automáticamente de una a otra categoría del mismo lexema.

Para terminar, veamos las cuatro propiedades de las listas de palabras con las que se combinan las palabras que establecen Bosque y su equipo (a los profesores de ELE nos interesa en especial la última):

1. No se obtienen del conocimiento de la realidad, sino del análisis del idioma.
2. No se alargan indefinidamente, por lo que pueden ser descritas, restringidas y caracterizadas adecuadamente.
3. No se deducen directamente de la definición de la palabra; es decir, no proceden de la información denotativa o de la intensión de los conceptos.
4. Deben ser aprendidas específicamente por el que aprende el idioma como primera o segunda lengua.

4. EJES DEL DISEÑO: CATEGORIZACIÓN Y COMBINATORIA AL SERVICIO DE LA SELECCIÓN LÉXICA DEL HABLANTE

Veamos una última tarea que resume todo lo dicho (el ejemplo procede también de la introducción de *Redes*). Complete el lector el siguiente mapa de vocabulario con las palabras que aparecen en la columna de la derecha. El nivel superior corresponde a adverbios y locuciones adverbiales, el nivel intermedio a verbos, el nivel inferior a sustantivos.

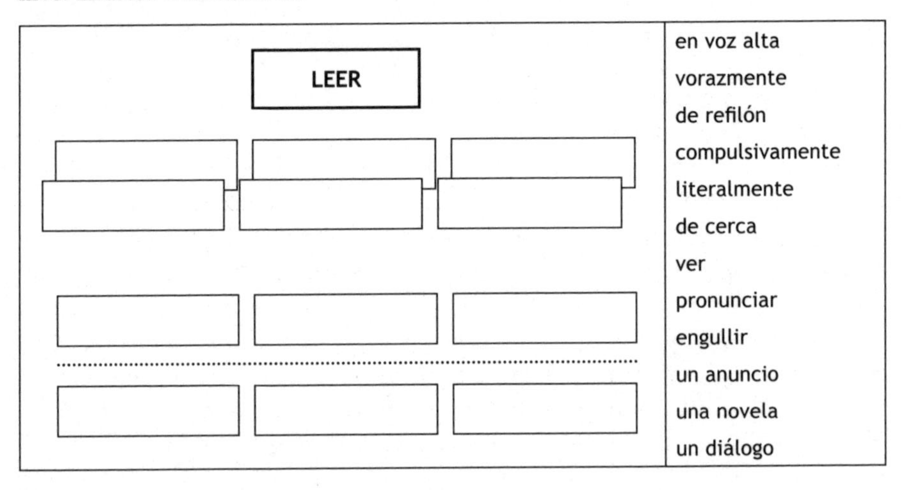

El resultado debería ser más o menos el de la siguiente figura (hemos añadido ejemplos para que se entienda mejor).

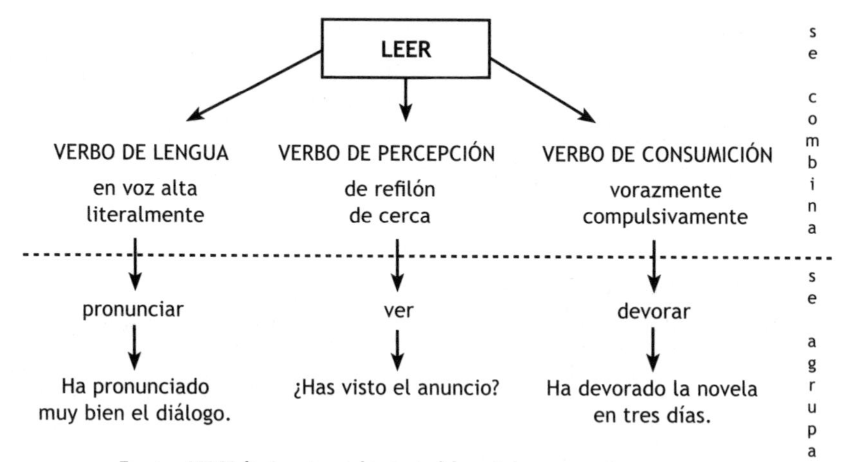

Fuente : *REDES* diccionario combinatorio del español contemporáneo

El verbo *leer* es un verbo de lengua y, por tanto, podemos leer *en voz alta*, rasgo que comparte con el verbo *pronunciar*, y eso nos permite decir *Ha leído muy bien el diálogo* en el sentido de *Ha pronunciado muy bien el diálogo*. Dado que *leer* comparte el rasgo de consumición con el verbo *devorar*, interpretamos la frase *Ha devorado la novela* como *Ha leído la novela compulsivamente* (pero no podemos **devorar un anuncio* ni **devorar una entrada del diccionario*). Para terminar, la pregunta *¿Has visto el anuncio?* debe ser interpretada como *¿Has leído el anuncio?* porque comparten el rasgo de percepción y por ello comparten combinaciones. Las posibilidades combinatorias compartidas nos permiten la sustitución de unas palabras por otras sin que tengan que ser sinónimos, aportando evidentemente nuevos rasgos tras la sustitución pero manteniendo los rasgos nucleares.

5. LAS CONSECUENCIAS EN LA ACTUACIÓN DE CLASE

Casi cualquier manual de neurolingüística comienza informando de lo que es una neurona, de sus partes y su funcionamiento: parece difícil concebir que, por muchos miles de millones de neuronas que tenga el cerebro, sea posible establecer a partir de impulsos externos todas las sinapsis necesarias para almacenar todas las combinaciones posibles y las no posibles de todas las palabras que conocemos en nuestro idioma, teniendo en cuenta que una buena parte de esas combinaciones no proceden del conocimiento del mundo, sino que son parte del conocimiento del propio idioma. Si seguimos el mecanismo conductista por el cual una experiencia o un estímulo externo lleva al establecimiento de una sinapsis, el conocimiento del idioma no debería ser común a todos los hablantes de ese idioma. Y si seguimos una de las tendencias actuales en el aprendizaje de lenguas extranjeras que consiste en primar la dimensión afectiva, ¿cómo podrán nuestros alumnos llegar a crear esas redes de palabras basadas en la categorización intrínseca a la lengua y en combinaciones restringidas por el propio idioma y no por la experiencia? ¿Qué es finalmente una palabra sino mucho más que un concepto categorizable?

A mi entender, el sonido que es una palabra es un chispazo, una flecha que apunta en cada caso a un nudo en la intrincada red léxica, un estímulo que activa un complejo de significados en parte extralingüísticos, en parte exclusivamente lingüísticos, que incorpora sus connotaciones, su registro, su identidad gramatical, pero también su posición en el grupo categorial al que pertenece y en la red de combinaciones que permite, y todo simultáneamente y con el orden que corresponda a cada situación textual, oral o escrita, de comprensión o de actuación. ¿Cómo podrían nuestros alumnos llegar a adquirir ese complejo que es cada palabra sin crear durante su proceso de aprendizaje esa red necesaria que les permita evitar la transferencia de una red diferente, ajena al idioma que están aprendiendo? ¿Cómo deberán estar confeccionados los materiales de clase para que puedan aprovechar el rendimiento cognitivo de la categorización y de la combinatoria restringida? ¿Cuál deberá ser nuestra explicación en clase? ¿Cómo deberá ser nuestro discurso sobre las palabras a partir de ahora?

BIBLIOGRAFÍA

Bosque, I. (dir.). (2004). *Redes Diccionario combinatorio del español contemporáneo*, Madrid: SM.

Josep Cuenca, M. y Hilferty, J. (1999). *Introducción a la lingüística cognitiva.* Barcelona: Ariel Lingüística.

Croft, W. y Cruse, D. A. (2004). *Lingüística cognitiva.* Madrid: Akal/Lingüística, 2008.

Blakemore, S.-J. y Frith, U. (2007). *Cómo aprende el cerebro.* Barcelona: Editorial Planeta, 2012.

Morante Vallejo, R. (2005). *El desarrollo del conocimiento léxico en segundas lenguas*. Madrid: Arco/Libros S. L.

Pinker, S. (1994): *El instinto del lenguaje: cómo crea el lenguaje la mente*. Madrid. Alianza Editorial.

Trujillo, R. (1988). *Introducción a la semántica española.* Madrid: Arco/Libros S. L.

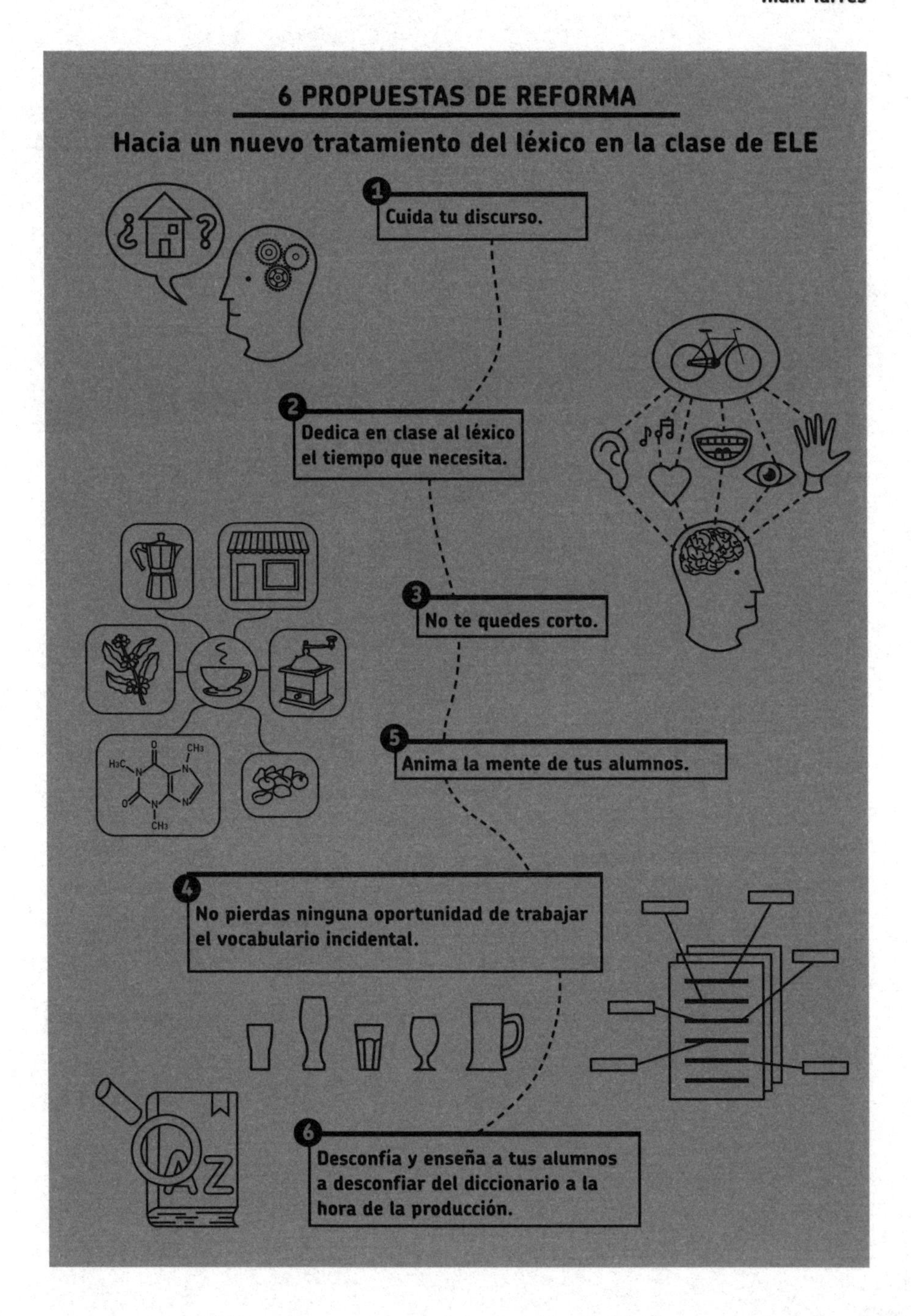
6 PROPUESTAS DE REFORMA
Hacia un nuevo tratamiento del léxico en la clase de ELE
1
Cuida tu discurso.
2
Dedica en clase al léxico el tiempo que necesita.
3
No te quedes corto.
5
Anima la mente de tus alumnos.
4
No pierdas ninguna oportunidad de trabajar el vocabulario incidental.
6
Desconfía y enseña a tus alumnos a desconfiar del diccionario a la hora de la producción.

APLICACIONES DE ENFOQUES LÉXICOS A LA ENSEÑANZA COMUNICATIVA

Anna Rufat y Francisco Jiménez Calderón
Universidad de Extremadura

1. EL PAPEL DEL VOCABULARIO EN LA ENSEÑANZA DE LENGUAS

Desde la irrupción de los enfoques comunicativos en las últimas décadas del siglo XX, la adquisición de la competencia comunicativa se considera el objetivo esencial en la enseñanza y aprendizaje de lenguas. Es comprensible que así sea en tanto que dicha competencia refleja el deseo principal de cualquier aprendiente, que no es otro que alcanzar un dominio de la lengua que aprende lo más semejante posible al de un hablante nativo; esto es, un dominio que le permita actuar eficaz y adecuadamente en cualquier contexto de comunicación. Así las cosas, es comprensible también que, desde ese momento, los desarrollos metodológicos se hayan centrado en encontrar el camino más directo hacia este objetivo, lo cual explica la preeminencia de la que goza el Enfoque por Tareas en el panorama actual de la enseñanza del español. Al fin y al cabo, la tarea, puntal de este procedimiento, equivale a una situación real de comunicación a la que se llega eficazmente a lo largo de una unidad didáctica (Jiménez Calderón y Rufat, en prensa).

No obstante, la consolidación del enfoque por tareas no impide que aparezcan nuevas vías metodológicas encaminadas a la adquisición de la competencia comunicativa, como la aplicación de las TIC (Herrera Jiménez, 2015), los enfoques lúdicos (Lorente Fernández y Pizarro Carmona, 2012) o los enfoques léxicos, en los que profundizaremos aquí. En todos los casos, la primera discusión que se afronta se refiere a si estas tendencias pueden desembocar en métodos independientes o si, por el contrario, deben actuar como complementos del predominante Enfoque por Tareas. Por su parte, la consideración de los enfoques léxicos implica, además, una segunda cuestión que afecta al mayor o menor peso que ha de tener cada uno de los componentes –lingüísticos y extralingüísticos– en la unidad didáctica, en función de su relevancia en el dominio de la competencia comunicativa. Como puede intuirse, los enfoques léxicos otorgan un papel dominante al componente léxico, a lo que solemos llamar *vocabulario*.

La importancia del vocabulario en la enseñanza de lenguas ha venido aumentando considerablemente desde hace unas tres décadas, si bien el impacto de esa evolución se ha producido en la enseñanza del español más recientemente. Así, hoy sabemos que casi la mitad de la producción lingüística diaria es formulaica (Wray, 2002), es decir, está formada por cadenas de palabras que, por su recurrencia, se recuperan de la memoria como un bloque, como *que lo pases bien*, *estoy de acuerdo*, *¡qué me dices!* o *cometer un error*. Además, la lengua es más restrictiva de lo que parece a simple vista y de lo que se desprende de las definiciones de los diccionarios, pues, por ejemplo, no es suficiente conocer el significado y el régimen transitivo del verbo *disolver* para saber que *una manifestación*, *un disturbio* o *un pacto* pueden *disolverse*. Todo esto hace que la competencia lingüística pueda entenderse más como un conocimiento léxico, basado en un léxico gramaticalizado, que sintáctico, entendido en el sentido tradicional de unas pocas reglas gramaticales sobregeneralizadoras a partir de las cuales se construyen los enunciados.

Por otro lado, desde el punto de vista psicolingüístico, el vocabulario constituye un elemento primordial en el proceso de adquisición de una lengua, ya que sin palabras no tendríamos estructura fonológica, morfológica ni sintáctica; el vocabulario, por lo tanto, es el eje del significado que se adquiere a través del contexto, y, en consecuencia, constituye la base del desarrollo de las destrezas y habilidades comunicativas en una lengua extranjera o segunda. Sobre estas bases aparecen enfoques de enseñanza que realzan el aprendizaje del vocabulario para lograr el dominio de la lengua meta, de entre los que ha destacado el *lexical approach* o enfoque léxico desarrollado por Lewis (1993, 1997 y 2000).

Pero, como decíamos, esta importancia creciente del componente léxico se ha incorporado al ámbito del español más recientemente, de modo que carecemos aún de métodos concretos para la enseñanza del español basados en enfoques léxicos, y muy pocos materiales han incorporado todos los principios metodológicos que se desprenden de ellos. Para acometer esta tarea, es preciso discutir, como indicábamos más arriba, la manera en que los planteamientos procedentes de los enfoques léxicos encajan con la metodología vigente del enfoque por tareas y con la aspiración al dominio de la competencia comunicativa. Sobre ello tratan estas líneas.

2. QUÉ VOCABULARIO ENSEÑAR

Si se desea aplicar principios de los enfoques léxicos al proceso de enseñanza-aprendizaje del español, lo primero que debe afrontarse es el asunto de la selección del vocabulario meta, es decir, qué vocabulario enseñar. Existen, a propósito de ello, dos grandes inclinaciones: a) la atribución de determinado vocabulario a cada uno de los niveles de referencia y b) la consideración prioritaria del vocabulario personal o de interés para el aprendiente. En cuanto a la primera opción, el principal problema reside en los criterios que deben aplicarse para determinar la adscripción del vocabulario a los distintos niveles, pues no es difícil que la distribución caiga en la arbitrariedad. Al respecto, el único criterio que parece unánimemente aceptado es el de la frecuencia, pues resulta lógica la conveniencia del conocimiento de las unidades léxicas más frecuentes de una lengua para la actuación comunicativa, sobre todo en los primeros niveles (Nation, 2008). El problema es que no existen para el español repertorios léxicos consolidados basados exclusivamente en el criterio de la frecuencia: el apartado de "Nociones específicas" del Plan curricular del Instituto Cervantes es, tal y como se indica en su "Introducción", una guía orientativa, ya que no contempla muchos de los usos frecuentes de los hablantes nativos de español (Sánchez Rufat, 2015); y el diccionario de frecuencias de Davies (2006; está prevista una nueva edición próximamente) no contempla la variable de la polisemia y no recoge unidades pluriverbales.

La segunda opción se fundamenta en la realización de actividades en las que los aprendientes puedan explorar el vocabulario que sea de su interés. Parece, en efecto, muy razonable fomentar esa posibilidad, pues es de esperar que los estudiantes estén interesados en ámbitos de comunicación diferentes, en función de sus distintos intereses profesionales, aficiones, rutinas, proyectos, etcétera. No obstante, aunque se apueste por este procedimiento, resulta inevitable realizar algún tipo de selección léxica para elaborar los materiales de aula, con lo que, de nuevo, aparecen los problemas descritos en el párrafo anterior. Nótese que, como consecuencia de esta indecisión, cada manual de español realiza una selección y distribución propias del vocabulario, con lo que el tratamiento de este componente resulta muy desigual.

¿Qué puede hacer, entonces, el profesor? Lo ideal, creemos, es encontrar un equilibrio, con lo que el vocabulario meta lo conformarían una selección léxica común y el vocabulario personal de cada aprendiente. Para la selección común, pueden utilizarse las fuentes mencionadas (el *PCIC* y el diccionario de Davies), sin perder de vista los problemas que encierran; o bien puede considerarse el vocabulario que presentan las unidades didácticas del manual que se utilice, y trabajarlo de acuerdo con principios de los enfoques léxicos si el manual no los aplica, para lo cual aportamos orientaciones en los apartados siguientes. Al mismo tiempo, el profesor habría de incluir, como hemos indicado, actividades para trabajar el vocabulario personal de cada aprendiente, del tipo a "¿Qué verbos necesitas en español para hablar de las cosas que haces todos los días?", "Con la ayuda del diccionario, escribe alguna acción que haces los días laborables, los fines de semana, los días festivos..." (Sans Baulenas, Martín Peris y Garmendia, 2011).

3. FACTORES PARA EL APRENDIZAJE EFICAZ DEL VOCABULARIO

Gracias al creciente interés en el léxico al que antes aludíamos, la investigación centrada en este componente se ha multiplicado y ha ido aportando una serie de factores que deben tenerse muy en cuenta si se persigue una enseñanza y un aprendizaje del vocabulario eficaces. Para empezar, al ser el dominio de la competencia comunicativa el objetivo del proceso, el léxico se convierte en un elemento imprescindible si aceptamos que comunicar es transmitir significado (Lewis, 1993: 389), en tanto que las palabras contienen más significado que cualquier otro componente. Basta pensar en los actos mínimos de comunicación que se desarrollan en un taxi, en una panadería o en la taquilla de un cine para reparar en el protagonismo que cobran en ellos las unidades léxicas, tanto monoverbales como pluriverbales; además, la falta de dominio receptivo o productivo de vocabulario suele provocar más interrupciones, bloqueos y malentendidos en la comunicación que el desconocimiento o falta de aplicación de las reglas gramaticales (Cervero y Pichardo, 2000). El léxico, por tanto, se erige en la clave del desarrollo comunicativo, por lo que parece razonable que ocupe un lugar central en la programación de un curso y en un amplio espectro de actividades.

En segundo lugar, deben contemplarse la profundidad de conocimiento y la amplitud léxica. La profundidad se refiere a todos los aspectos que implica el conocimiento de una unidad léxica: ortografía, pronunciación, estructura morfológica, significado (básico y figurado), combinaciones con otras palabras, asociaciones paradigmáticas y valor discursivo (registro y frecuencia), diatópico y cultural; todos estos aspectos deben ser atendidos a lo largo del proceso pero no al mismo tiempo, sino que deben integrarse progresivamente en distintas actividades, relacionando lo nuevo con lo conocido, para que el aprendiente vaya almacenando y fijando el vocabulario a través de significados y relaciones. En cuanto a la amplitud, indica que el vocabulario de una lengua abarca unidades monoverbales (palabras); pluriverbales, integradas por los compuestos y las unidades fraseológicas; y otras secuencias formulaicas, que son combinaciones de dos o más palabras que forman una unidad psicológica y que pueden ser arbitrarias, es decir, de motivación desconocida, como *en blanco y negro* en lugar de *en negro y blanco*, o colocaciones en sentido estricto, en las que las palabras se combinan en función de rasgos semánticos particulares, como ocurre en *cometer un crimen*, donde *cometer* selecciona sustantivos que denotan "acciones ilícitas". Todas estas unidades deben ser trabajadas en el aula, e interesa destacar el gran potencial pedagógico de las colocaciones, que conviene explotar por su gran rendimiento comunicativo (Rufat, en prensa).

Asimismo, ha de considerarse que el procesamiento del léxico de la L2 comienza con una proyección del léxico de la L1, y solo después se desarrollan las estructuras de la L2. Normalmente hay que aprender nuevas formas para expresar los mismos conceptos, aprender significados en la L2 que son diferentes a los de la L1 y aprender nuevas formas para conceptos inexistentes en la L1, todo lo cual obliga al aprendiente a realizar continuos reajustes en su lexicón. En consecuencia, deben proponerse actividades que evidencien que cada lengua tiene su propia manera de conceptualizar el mundo y de expresar los conceptos mediante las unidades léxicas, pues el aprendiente podrá aprender el léxico con mayor facilidad si es consciente de las semejanzas y diferencias entre las dos lenguas (Swan, 1997).

Por otro lado, la adquisición del vocabulario sigue un proceso que comienza con la detección de la unidad léxica en el *input* y su incorporación a la memoria a corto plazo; si la unidad no se procesa, desaparece, y si se procesa, se interioriza y pasa a la memoria a largo plazo, con lo que podrá recuperarse en el futuro (Leow, 2015). De este modo, es conveniente realizar actividades que requieran la comprensión del vocabulario nuevo y dar repetidas oportunidades de procesamiento profundo de la misma unidad. El léxico, además, se organiza mediante redes de distinto tipo (semánticas, morfológicas…), con lo que son necesarias actividades que faciliten la formación de dichas redes (Rufat, en prensa).

Conviene, además, combinar el aprendizaje incidental de vocabulario con el intencional. El aprendizaje incidental se desarrolla más lentamente por medio de una enseñanza indirecta promovida por la lectura extensiva o actividades que requieren la participación en interacciones significativas sin que se pida explícitamente al alumno que trate de aprender nuevas palabras; el intencional, por su parte, logra efectos más inmediatos, con lo que debe centrarse en las unidades más necesarias para los aprendientes a través de estrategias y actividades específicas (Nation y Meara, 2002; Barcroft, 2009).

Por último, es necesario incorporar al proceso aquellos aspectos que contribuyen a la retención del vocabulario, a su integración en la memoria a largo plazo, que es la que contiene el lexicón mental. Uno de ellos es la implicación del estudiante: cuanto mayor es su necesidad léxica por completar la tarea y el esfuerzo cognitivo para llevarla a cabo, mayor aprendizaje a largo plazo se produce (Laufer y Hulstijn, 2001). Además, contribuyen a la retención la recurrencia, pues el aprendizaje de una unidad a partir del contexto requiere un mínimo de diez repeticiones (Pellicer-Sánchez y Schmitt, 2010); y el reciclaje espaciado y generativo, dado que el vocabulario que se distribuye en el *input* de manera espaciada, a lo largo de un periodo de tiempo, se recuerda mejor que el que se presenta en bloque, de manera intensiva en una misma sesión (Goossens et al., 2012).

4. APRENDIZAJE COMUNICATIVO DEL VOCABULARIO

Todos estos resultados provistos por la investigación deben aplicarse a los programas y actividades que se diseñen para el aprendizaje del vocabulario. Pero, como sugeríamos al principio, esto puede –acaso debe– hacerse sin renunciar a la enseñanza comunicativa que continúa vigente en el ámbito del español a través fundamentalmente del enfoque por tareas. Además, habitualmente los profesores de español no disponen del tiempo y los medios necesarios para elaborar materiales o desarrollar procedimientos metodológicos específicos, con lo que tiene más sentido encontrar una forma de incorporar recursos para el aprendizaje efectivo del vocabulario a un plan preestablecido, normalmente apoyado en el uso de un manual comunicativo. Para ello, puede concebirse el trabajo con el componente léxico en cuatro fases que se adaptarían al desarrollo de la unidad didáctica (Rufat y Jiménez Calderón, en prensa).

- **FASE 1. UNIDADES LÉXICAS EN CONTEXTO.** Si se decide trabajar más profundamente el vocabulario provisto por un manual, es esperable que sus unidades didácticas presenten suficiente y variado *input* en el que las unidades léxicas nuevas aparezcan en contexto. Si no es así, el profesor tendrá que elaborar o adaptar textos orales y escritos que contengan el vocabulario que interese trabajar. Es recomendable que las unidades aparezcan resaltadas de algún modo, que no se incluya más de una palabra nueva por cada cincuenta (Nation, 2008: 1) y que las formas aparezcan en unidades didácticas posteriores, para reforzar lo aprendido y completar el aprendizaje mediante su presentación en contextos nuevos. Las actividades que acompañan a este *input* inicial han de centrarse en dirigir la atención a las unidades léxicas meta y establecer el vínculo entre su forma y significado, favorecer determinadas asociaciones e incluso formular hipótesis sobre el uso de las unidades. Esto suele conseguirse mediante preguntas que afectan a la comprensión de los textos y que fuerzan al aprendiente a detenerse en las unidades léxicas meta.
- **FASE 2. REFLEXIONAR SOBRE LAS UNIDADES LÉXICAS Y SITUARLAS EN EL SISTEMA LINGÜÍSTICO.** El vocabulario presentado anteriormente se recupera ahora a través de nuevas muestras de lengua, que el profesor habrá de aportar si el manual no lo hace –normalmente los manuales incluyen actividades para

ello, pero destinadas a aspectos gramaticales–. En esta fase, las actividades se dirigen al descubrimiento, apercibimiento y explicitación de los fenómenos léxicos y al procesamiento profundo de las unidades. Ha de trabajarse, por ejemplo, la combinatoria léxica, una de las principales dificultades en el uso de las unidades y foco principal de la producción y fluidez del aprendiente. Para ello, son herramientas valiosas los corpus, mediante los que el aprendiente puede explorar la combinatoria de las palabras a través del sistema de concordancias, y los diccionarios combinatorios, útiles para elaborar clases léxicas seleccionadas por un predicado o avanzar desde el significado literal de una palabra al figurado; conviene que el trabajo con ambos instrumentos desemboque en la elaboración de asociogramas, pues al fin y al cabo se trata de fortalecer las redes combinatorias que se fijan en el lexicón (Rufat, en prensa). Se incluyen también aquí actividades que reflejen las semejanzas y diferencias entre la L1 y la L2, la consideración del registro y la reflexión sobre aspectos morfológicos, muy conveniente por su potencial generativo, ya que, al adherirse un mismo morfema a muchas raíces léxicas, el aprendiente puede aprender y reconocer un gran número de unidades y establecer redes de palabras por su semejanza morfológica.

- **FASE 3. PRÁCTICAS GUIADAS.** Llegados a este punto, el conocimiento pretendido de las unidades léxicas meta ya debe haberse producido. Todos los fenómenos léxicos de interés deben haberse explicitado y considerado en profundidad. Así, en esta fase se propondrán, por un lado, actividades con un objetivo meramente lingüístico, en las que se busque automatizar la forma, el significado y el uso receptivo y productivo de las unidades. Para estas actividades pueden aprovecharse formatos consolidados, como la transformación y manipulación de enunciados, producción repetitiva a partir de modelos o recuperación de las unidades a partir de definiciones. Y, por otro lado, se introducirán actividades con un objetivo comunicativo, a través de pequeñas tareas de producción muy pautadas y basadas en la experiencia del aprendiente, en las que se activa el empleo de los contenidos léxicos trabajados en la fase anterior.
- **FASE 4. RECUPERACIÓN DE LAS UNIDADES EN PRODUCCIÓN ABIERTA.** Después de recorrer el camino descrito, los aprendientes estarán en condiciones de recuperar las unidades trabajadas y utilizarlas adecuadamente en las tareas comunicativas que incluya el manual de clase. Si dichas tareas no conceden tal posibilidad, el profesor puede ampliarlas o adaptarlas convenientemente, si bien en una producción comunicativa abierta no hay, obviamente, garantías de que se empleen todos los fenómenos léxicos trabajados a lo largo de la unidad didáctica. Se trata,

en definitiva, de que el vocabulario seleccionado como prioritario se trabaje de forma que el aprendiente puede utilizarlo con solvencia, es decir, con la forma, los significados y las combinaciones adecuadas a la acción comunicativa.

En suma, teniendo en cuenta el valor que ha alcanzado el componente léxico y dada la vigencia de la competencia comunicativa como objetivo de aprendizaje, lo adecuado parece diseñar un plan para el aprendizaje del vocabulario en el que se apliquen los resultados proporcionados por la investigación especializada y que pueda acoplarse a la enseñanza comunicativa que habitualmente se desarrolla en el aula de español. El siguiente paso consistirá en diseñar modelos de actividades que encajen en cada una de las fases descritas y que desemboquen en una recuperación eficaz de las unidades léxicas en la acción comunicativa de los aprendientes.

BIBLIOGRAFÍA

Barcroft, J. (2009). "Effects of Synonym Generation on Incidental and Intentional Vocabulary Learning during Second Language Reading". *TESOL Quarterly* 43 (1): 79-103.

Cervero, M. J. y Pichardo, F. (2000). *Aprender y enseñar vocabulario.* Madrid: Edelsa.

Davies, M. (2006). *A Frequency Dictionary of Spanish: Core Vocabulary for Learners.* Nueva York y Abingdon: Routledge.

Goossens, N. y otros (2012). "Spreading the Words: A Spacing Effect in Vocabulary Learning". *Journal of Cognitive Psychology* 24 (8): 965-71.

Herrera Jiménez, F. J. ("El papel de la tecnología en el aula: sobre la interacción y la acción digital". *La formación del profesorado de español. Innovación y reto,* eds. Francisco Herrera y Neus Sans. Barcelona: Difusión, 2015, 136-145.

Jiménez C., F. y Rufat, A. (en prensa). "Diseño de unidades didácticas". *Iniciación a la metodología de la enseñanza de ELE. Diseño curricular,* eds. María Martínez-Atienza de Dios y Alfonso Zamorano Aguilar. Madrid: EnClaveELE, páginas en prensa.

Laufer, B. y Hulstijn, J. (2001). "Incidental Vocabulary Acquisition in a Second Language: The Construct of Task-Induced Involvement". *Applied Linguistics* 22 (1): 1-26.

Leow, R. (2015). *Explicit Learning in the L2 Classroom: A Student–Centered Approach.* Abingdon y Nueva York: Routledge.

Lewis, M. (1993). *The Lexical Approach: The State of ELT and a Way Forward.* Hove: Language Teaching Publications.

Lewis, M. (1997). *Implementing the Lexical Approach: Putting Theory Into Practice.* Hove: Language Teaching Publications.

Lewis, M. (2000). *Teaching collocation: Further Developments in the Lexical Approach.* Hove: Language Teaching Publications.

Lorente F., Paula y Pizarro Carmona, M. (2012). "El juego en la enseñanza de español como lengua extranjera". *Tonos digital: revista electrónica de estudios filológicos 23* [publicación en línea]. Disponible desde internet en: http://www.tonosdigital.es/ojs/index.php/tonos/article/viewFile/821/554 [con acceso el 24-4-2017].

Nation, P. (2008). *Teaching Vocabulary. Strategies and Techniques.* Boston: Heinle.

Nation, P. y Meara, P. "Vocabulary." *An introduction to applied linguistics*, ed. Norbert Schmitt. Londres: Arnold, 2002, 35-54.

Pellicer-Sánchez, A. y Schmitt, N. (2010). "Incidental Vocabulary Acquisition from an Authentic Novel: Do Things Fall Apart?". *Reading in a Foreign Language 22* (1): 31–55.

Sánchez Rufat, A. (2015). *El verbo dar en el español escrito de aprendientes de L1 inglés: estudio contrastivo de interlengua basado en corpus.* Tesis Doctoral, Universidad de Extremadura.

Rufat, A. (en prensa). "Estrategias para la enseñanza de secuencias formulaicas en el aula de español como lengua extranjera". *La formación del profesorado de español como lengua extranjera: necesidades y tendencias,* ed. Dimitrinka Níkleva. Berna: Peter Lang, páginas en prensa.

Rufat, A. y Jiménez Calderón, F. (en prensa). "Vocabulario". *The Routledge Handbook of Spanish Language Teaching: Metodología, recursos y contextos para la enseñanza del español*, eds. Javier Muñoz-Basols, Elisa Gironzetti y Manel Lacorte. Abingdon y Nueva York: Routledge, páginas en prensa.

Sans Baulenas, N.; **Martín Peris, E.** y **Garmendia, A.** (2011). *Bitácora 1*. Barcelona: Difusión.

Swan, M. "The influence of the mother tongue on second language vocabulary acquisition and use". *Vocabulary: Description, Acquisition and Pedagogy*, eds. Norbert Schmitt y Michael McCarthy. Cambridge: Cambridge University Press, 1997, 162-180.

Wray, A. (2002). *Formulaic Language and the Lexicon.* Cambridge: Cambridge University Press.

5

UN ENFOQUE LÉXICO EN LOS MANUALES DE ELE

José Luis Álvarez Cavanillas
CLIC International House Sevilla

Durante la década de los noventa, la atención al léxico en la enseñanza y aprendizaje de segundas lenguas empieza a cobrar una especial relevancia que se ve reflejada en la aparición de *The Lexical Approach* (Lewis,1993)[1]. Las tesis de Lewis pueden enmarcarse dentro del enfoque comunicativo, tal y como aclaraba Higueras (2004, pág. 12). Lo novedoso viene dado por el especial hincapié que se hace en el tratamiento del léxico y por la importancia que se le concede a este en el proceso de enseñanza y aprendizaje de segundas lenguas. A continuación, trataremos de resumir brevemente las ideas centrales del enfoque léxico de Lewis a la vez que iremos comprobando que en los manuales citados existen actividades que, en efecto, reflejan la presencia de un enfoque léxico.

En la actualidad, manuales como la nueva edición de *Aula* y *Bitácora* (Difusión, 2013 y 2016), entre otros, recogen los resultados de las investigaciones realizadas sobre el tratamiento del léxico y proponen materiales y actividades teniendo en cuenta lo que ha dado en llamarse un enfoque léxico. Estos manuales resultan novedosos especialmente por prestar una mayor atención al eje horizontal de las unidades léxicas y, en general, a los *chunks* (segmentos léxicos de extensión superior a la palabra como las colocaciones, los marcadores del discurso o las expresiones institucionalizadas).

En este artículo trataremos de dar algunos ejemplos para ilustrar que, en efecto, la importancia concedida al léxico es mucho mayor hoy en día y que trabajar con estos manuales nos da a los profesores muchas herramientas para ayudar más y mejor a nuestros estudiantes en el desarrollo de su competencia léxica, pues en ellos hemos podido observar una amplia gama de actividades que focalizan las diferentes unidades léxicas (en adelante, UL) desde una gran variedad de perspectivas y con diferentes objetivos didácticos: actividades para una exposición implícita a los modelos de lengua, focalización explícita a través de actividades de presentación y de atención a las formas, así como actividades para la producción. Esta situación no

---

1 A esta publicación siguieron otras del mismo autor, como *Implementing the Lexical Approach* (1997) y *Teaching collocations. Further Developments in the Lexical Approach* (2000). No obstante, el interés por el léxico queda reflejado en otras muchas publicaciones entre las que nos gustaría destacar a Nattinger y DeCarrico, *Lexical Phrases and Language Teaching* (1992) y a Nation, *Teaching and Learning vocabulary* (1990) y *Learning Vocabulary in another Language Teaching* (2001). En lo referente al ámbito de ELE, hay que destacar todas las publicaciones de Higueras.

se reduce a los niveles medios y avanzados, sino que, por el contrario, la atención al léxico y a las UL superiores a la palabra es patente desde los niveles iniciales, tal y como recomendaban Lewis (2000) e Higueras (2004).

Para terminar el artículo, nos referiremos brevemente a otras vías que el profesor podría aprovechar, bien de manera planificada o bien de forma espontánea durante el transcurso de la clase, para llamar la atención de los alumnos sobre las UL en un contexto de atención a la forma a partir de las preguntas de los propios estudiantes o a partir de la corrección de errores léxicos.

Aunque se atiende a la integración de las diferentes destrezas, es típico del enfoque léxico la revalorización de las habilidades receptivas, especialmente de la comprensión auditiva. Para Lewis, una alta exposición al *input* favorece la adquisición incidental del léxico, por lo que conviene potenciar este tipo de actividades en el aula. En este aspecto, podemos asegurar que las nuevas ediciones de los manuales analizados (*Aula* y *Bitácora*) han atendido con creces a esta recomendación del enfoque léxico, pues la cantidad y la calidad de las actividades de audio han mejorado notablemente si comparamos las ediciones antiguas con las nuevas.

Por poner un ejemplo, en la antigua edición de *Aula 1* había un total de 23 audios, mientras que en la nueva edición el número aumenta a 89[2]. Este aumento en el número de actividades de comprensión auditiva en absoluto va en detrimento de otras propuestas cuyo objetivo es el desarrollo e integración de las diferentes habilidades lingüísticas, pero deja claro que, en este sentido, podemos hablar de un enfoque léxico en los nuevos manuales. Por último, nos gustaría recordar que los documentos orales que se proponen atienden a la variedad del español peninsular y al español de América, lo que favorece la exposición a las variedades diatópicas de las UL.

Para Lewis (2000) existe cierta primacía del léxico sobre la gramática. La lengua deja de interpretarse como un conjunto de estructuras sintácticas en las que se insertan las piezas léxicas para concebirse como un conjunto de elementos léxicos

2 Es verdad que en muchas ocasiones, hay varias pistas que pertenecen a una misma actividad, pero esto es algo que también ocurría en la edición antigua. Por tanto, si bien no podemos afirmar sin más que existen 89 actividades de audio diferentes en *Aula 1 Nueva edición*, sí podemos asegurar que hay una mayor atención a las actividades de comprensión auditiva y que, por tanto, la nueva edición de *Aula* sigue las recomendaciones del enfoque léxico. Algo similar ocurre en las nuevas ediciones de *Gente hoy* y de *Bitácora*, aunque la situación es mucho más llamativa en el caso de *Aula*, dado que los otros dos manuales incluían abundantes actividades de comprensión auditiva desde sus primeras ediciones.

que se relacionan entre sí mediante estructuras sintácticas. No se trata de sustituir la enseñanza de la gramática por la del léxico, sino de dedicarle más tiempo al léxico y a sus posibilidades de combinatoria en el eje horizontal, es decir, enseñar gramática a partir del léxico. En este sentido, hay que destacar la propuesta de la nueva edición de *Bitácora 2*, que en el archivo de léxico contempla por primera vez un apartado bajo el epígrafe La gramática de las palabras. Tal y como explican los autores en la introducción, se trata de un "espacio en el que se presentan cuestiones léxico-gramaticales destinado tanto a la comprensión del funcionamiento de determinadas unidades léxicas como a su activación en pequeñas producciones".

Para ilustrar este aspecto, hemos elegido una actividad de la página 128 de *Bitácora 2 nueva edición* (libro del alumno) en la que se analizan los verbos *ir* y *venir*, su significado y el régimen preposicional de cada uno de los verbos (colocaciones gramaticales) a partir de unas imágenes y de unas muestras de lengua breves y claras. En este caso, además, los autores proponen una actividad para la comprobación de la comprensión de los contenidos léxicos y otra más que remite al cuaderno de ejercicios y al material proyectable que acompaña al manual.

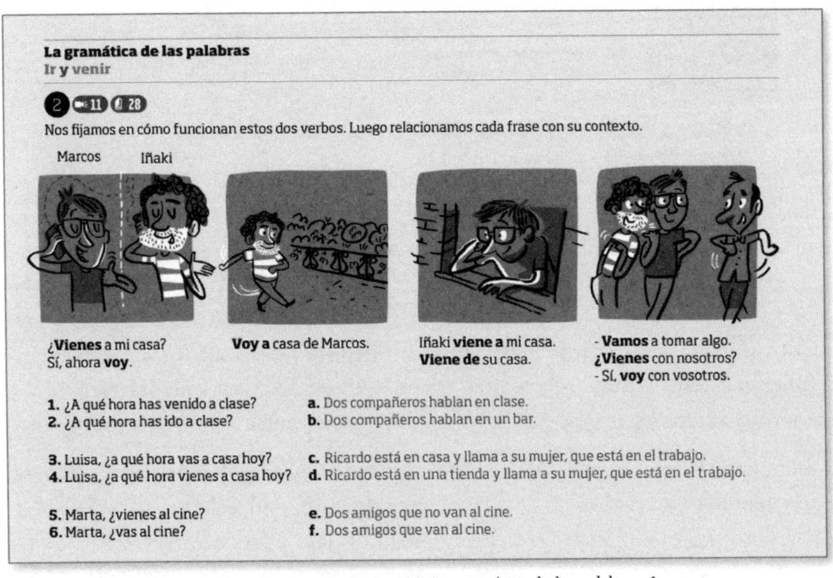

La gramática de las palabras
Ir y venir

2 11 28

Nos fijamos en cómo funcionan estos dos verbos. Luego relacionamos cada frase con su contexto.

Marcos Iñaki

¿**Vienes** a mi casa?
Sí, ahora **voy**.

Voy a casa de Marcos.

Iñaki **viene a** mi casa.
Viene de su casa.

- **Vamos** a tomar algo.
¿**Vienes** con nosotros?
- Sí, **voy** con vosotros.

1. ¿A qué hora has venido a clase?
2. ¿A qué hora has ido a clase?

a. Dos compañeros hablan en clase.
b. Dos compañeros hablan en un bar.

3. Luisa, ¿a qué hora vas a casa hoy?
4. Luisa, ¿a qué hora vienes a casa hoy?

c. Ricardo está en casa y llama a su mujer, que está en el trabajo.
d. Ricardo está en una tienda y llama a su mujer, que está en el trabajo.

5. Marta, ¿vienes al cine?
6. Marta, ¿vas al cine?

e. Dos amigos que no van al cine.
f. Dos amigos que van al cine.

Modelo1. *Bitácora 2 Nueva edición*, p. 128, La gramática de las palabras, *Ir* y *venir*.

Mención aparte merece el llamado Diccionario de construcciones verbales que aparece al final del manual. Se trata de una de las aportaciones más interesantes que, si bien se presenta como un apartado para su consulta, ofrece un valioso material tanto para los alumnos como para los profesores, que podrían utilizar esta información para crear sus propios ejemplos o para la elaboración de actividades que potencien la reflexión sobre la gramática de estos verbos. En este apartado podemos encontrar información sobre la organización sintáctica del verbo seleccionado según la acepción, ejemplos de uso, palabras emparentadas y las combinaciones más frecuentes de la UL seleccionada. Creemos que estamos ante un claro ejemplo de lo que significa atender al eje horizontal de la lengua, a la gramática de las palabras.

CONTAR (1)
SIGNIFICA relatar, narrar

(alguien) (le) **cuenta** (**a** alguien) **que** + presente
(alguien) (le) **cuenta** algo (**a** alguien)

Esta novela cuenta una historia real.
Un amigo me contó una vez esa historia

COMBINACIONES FRECUENTES
Contar un cuento > una historia > un chiste > una anécdota
Contar lo que pasó
Contar la verdad > mentiras

PALABRAS EMPARENTADAS
El **cuento**

CONTAR (2)
SIGNIFICA calcular

(alguien/algo) **cuenta** algo

Esta máquina cuenta billetes.
Hoy hemos aprendido a contar hasta 10.

COMBINACIONES FRECUENTES
Contar dinero > billetes > monedas

PALABRAS EMPARENTADAS
La **cuenta** corriente
Hacer **cuentas**

Modelo 2. *Bitácora 2 nueva edición*, p. 150. Contar (1) y Contar (2)

Una de las aportaciones fundamentales del enfoque léxico es la insistencia en la enseñanza cualitativa del léxico: aprender vocabulario no es únicamente aprender formas nuevas, sino también, y muy especialmente, aprender nuevos significados para la misma forma en función de su relación con otras UL Hay muchas unidades polisémicas que suponen un reto para los alumnos, pues entran a formar parte de muchos *chunks*, presentan una enorme cantidad de posibilidades de combinatoria en función del significado que adquieren en el discurso y son muy frecuentes y, por tanto, muy rentables (*dar*, *dejar*, *hacer*, *quedar*, *poner*, etc.).

La atención a estos aspectos de la lengua queda también reflejada en las propuestas de los manuales analizados, como es el caso de la unidad 1 de *Aula 6 nueva edición*, que le dedica bastante espacio a dos UL polisémicas y frecuentes como *poner(se)* y *quedar(se)*. La cantidad de actividades en torno a estas UL es muy variada y atiende a diferentes objetivos didácticos. Por ejemplo, encontramos actividades para una exposición implícita a algunos de los usos de las UL seleccionadas. Tal es el caso de la actividad 2 (Yoga, p. 10, apartado Comprender). Aquí los estudiantes tienen que relacionar unos textos con las correspondientes imágenes. Si bien, en los textos encontramos diversos modelos de lengua en los que aparecen *poner* y *quedar*, no son estos el objetivo de la actividad. Más adelante podemos observar otras actividades para la presentación y la reflexión por parte de los alumnos tanto del significado de estas UL como de su uso en el eje horizontal (p. 15: Pero hombre, no te quedes ahí sentado, en la sección Explorar y reflexionar). En esta actividad se recurre a las técnicas de anegación y de realce del *input* para guiar y favorecer la observación por parte de los estudiantes a partir de las muestras de lengua proporcionadas. Un poco más adelante, los autores proporcionan una reflexión explícita sobre la gramática de ambas UL (pag. 17, sección Consultar) y por último, en la sección Más ejercicios se ofrecen otras actividades de atención a las formas en las que, ahora sí, el léxico es un fin en sí mismo. La unidad termina con varias tareas comunicativas (apartado Practicar y comunicar) que tratan de movilizar todos los contenidos de la unidad a través de actividades de producción que implican las diferentes habilidades lingüísticas.

También *Bitácora* dedica mucho espacio a la enseñanza cualitativa de léxico. Sabemos que el significado de determinadas UL depende, al menos en parte, de las palabras con las que se combina. Un adjetivo frecuente como *interesante* puede ganar nuevos matices no solo en función de los sustantivos a los que acompañe, sino también en función de las asociaciones personales y culturales que el hablante proyecte. Recordemos que muchas de las asociaciones que se dan entre las diferentes UL están fijadas por la lengua, pero hay otras que son culturales e incluso personales. Estos aspectos también entran a formar parte de lo que significa conocer una UL. Es cierto que en los manuales no hemos encontrado muchas actividades que trabajen esta dimensión de las UL, pero sí podemos aportar algunos ejemplos, como las actividades 1 y 2 de la página 80 de *Bitácora 1 Nueva edición*, donde en primer lugar, se profundiza sobre los adjetivos *bonito*, *bueno*, *interesante* y *agradable* cuando van unidos al sustantivo *restaurante* para, después, tratar de relacionarlos con otros sustantivos (*libro*, *escritor*, *vino*, *coche*, *sabor*, etc.). En el proceso de resolución de la actividad, y muy especialmente durante la puesta en común, con toda seguridad saldrán a relucir múltiples e interesantes asociaciones personales y culturales para compartir, a la vez que se profundiza sobre las posibilidades en la combinatoria de las palabras y sus restricciones.

Palabras en compañía
Bonito, bueno, interesante, agradable

1 RG / P.139

¿Qué es para nosotros?

- **un restaurante bonito**
- **un restaurante bueno**
- **un restaurante interesante**
- **un restaurante agradable**

2 11 25-26-27

¿Cuáles de estos adjetivos puedes combinar con los siguientes nombres?
¿Qué significan las diferentes combinaciones posibles?

	bonito/a	**interesante**	**bueno/a**	**agradable**
un libro	☐	☐	☐	☐
una exposición	☐	☐	☐	☐
un escritor	☐	☐	☐	☐
una cantante	☐	☐	☐	☐
una obra de teatro	☐	☐	☐	☐
un vino	☐	☐	☐	☐
un barrio	☐	☐	☐	☐
un coche	☐	☐	☐	☐
una persona	☐	☐	☐	☐
un color	☐	☐	☐	☐
un sabor	☐	☐	☐	☐
una casa	☐	☐	☐	☐

Modelo3. *Bitácora 1 nueva edición* p. 80. Archivo de léxico, actividad 1 (Un restaurante bonito, interesante...)

Siguiendo las recomendaciones de Nattinger y DeCarrico (1992), Lewis le concede mucha importancia a las UL superiores a la palabra: las colocaciones, las expresiones lexicalizadas, los refranes, las expresiones idiomáticas, los marcadores del discurso, etc. son bloques pluriverbales o *chunks*, segmentos léxicos que tienen un papel central en el uso del lenguaje y que, por tanto, deberían tenerlo también en la enseñanza de una lengua extranjera. Uno de los principios fundamentales del enfoque léxico de Lewis consiste precisamente en la insistencia en los *chunks*: es muy importante ayudar a los estudiantes a que tomen conciencia de su existencia (*pedagogical chunking*) y que desarrollen la capacidad de producirlos.

Al observar los manuales mencionados, hemos podido comprobar que existe una variada gama de actividades en las que el léxico se trabaja desde diferentes perspectivas y atendiendo a las diferentes dimensiones de lo que significa conocer una palabra. Como aspecto más novedoso, *Bitácora* utiliza epígrafes para referirse de manera explícita a determinados fenómenos léxicos como las colocaciones, que aparecen bajo el epígrafe de Palabras en compañía, tanto en la agenda de aprendizaje como en el archivo de léxico.

También son objeto de atención las expresiones institucionalizadas y los marcadores del discurso que aparecen agrupados bajo el epígrafe Palabras para actuar. Su tratamiento en el aula es fundamental para acercar las producciones de nuestros estudiantes a las de los nativos. Su importancia radica, más que en el significado semántico, en su valor pragmático, es decir, en lo que hacemos con ellas (mostrar interés, expresar sorpresa, iniciar una conversación, quitar el turno de palabra, etc.).

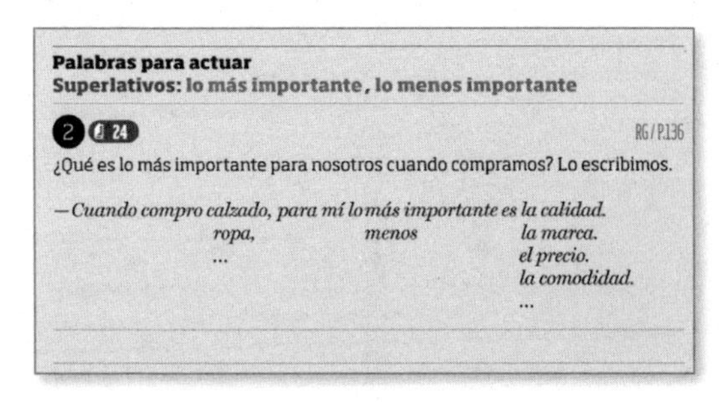
Palabras para actuar
Superlativos: lo más importante, lo menos importante

2 24 RG/P.136

¿Qué es lo más importante para nosotros cuando compramos? Lo escribimos.

—Cuando compro calzado, para mí lo más importante es la calidad.
ropa, menos la marca.
... el precio.
la comodidad.
...

Modelo 4. *Bitácora 2 nueva edición*, Palabras para actuar, p. 66, actividad 2 (Superlativos).

Otros apartados están dedicados a la observación de los aspectos gramaticales asociados a las UL (La gramática de las palabras) y a otras propuestas de conjunto en las que se visualizan de una manera gráfica las estructuras léxicogramaticales que los hablantes utilizan para desenvolverse en diferentes situaciones comunicativas (Construir la conversación).

Además, en los cuadernos de ejercicios de *Bitácora* (o en el apartado Más ejercicios en el caso de *Aula*) se ofrecen otras actividades cuyo objetivo es favorecer el procesamiento de las UL de una manera explícita al poner a los estudiantes en situación de tener que tomar decisiones de distinta naturaleza sobre algunos aspectos relacionados con las UL que se han trabajado en cada unidad.

La experiencia en el aula muestra, además, que cada estudiante tiende a aprender el léxico según sus propios intereses y necesidades, por lo que es importante dedicar un espacio a favorecer la reflexión en este sentido. *Bitácora 1 Nueva edición* ofrece un apartado llamado Mis palabras en el que se le da al estudiante la oportunidad de detectar y de seleccionar con autonomía el léxico que más le haya interesado de cada unidad, a la vez que se le ofrecen ideas para su organización (por ejemplo, a través de asociogramas) o para la personalización de las UL.

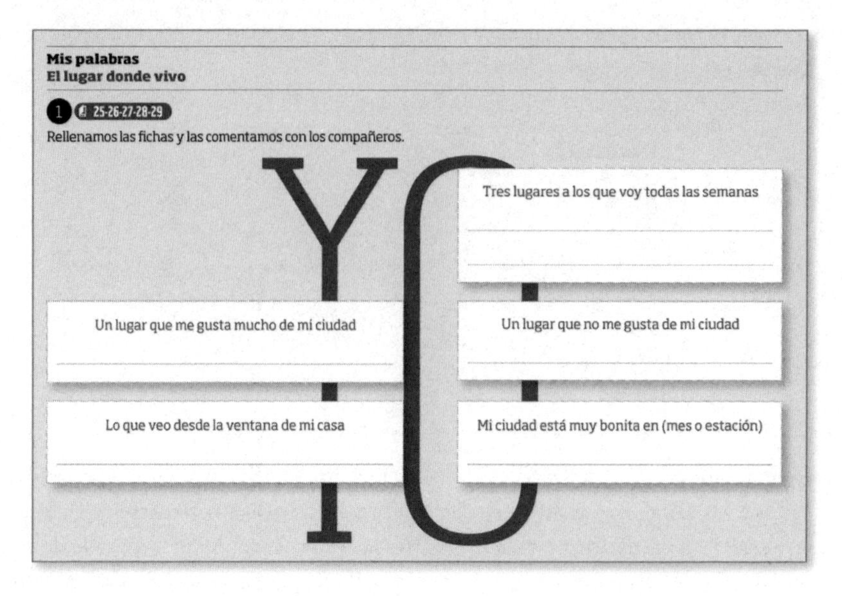

Modelo 5. *Bitácora 1 nueva edición*, Mis palabras, p. 104, actividad 1 (El lugar donde vivo).

Por otra parte, parece que ya nadie discute las ventajas de la traducción como estrategia pedagógica para la comprensión de determinados aspectos léxicogramaticales y para la memorización de las diferentes UL. En los últimos años se está reivindicando el uso de la lengua materna del aprendiz (especialmente para grupos monolingües) o la comparación con otras lenguas que el estudiante pueda manejar como una estrategia cognitiva a la hora de la reflexión metalingüística (Pastor, 2004). Tanto en la nueva edición de *Aula* como en *Bitácora* (en este caso, bajo el epígrafe En español y en otras lenguas), los autores recurren a esta estrategia con el objetivo de hacer reflexionar a los estudiantes sobre las diferencias y similitudes entre el español y su lengua materna u otras lenguas que puedan conocer.

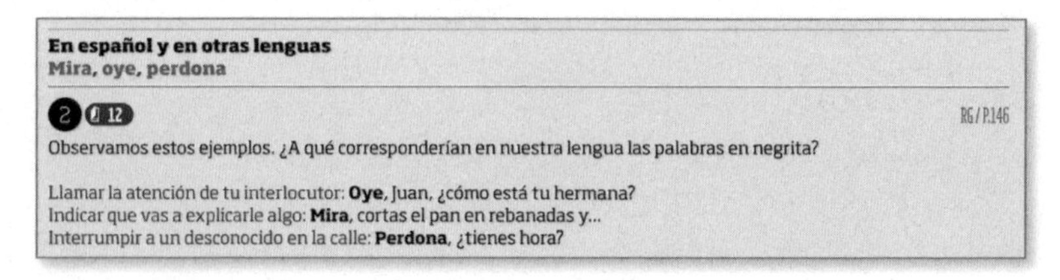

Modelo 6. *Bitácora 2 nueva edición*, p. 110, actividad 2 (Mira, oye, perdona).

Hasta ahora hemos comentado cómo los manuales analizados llevan a la práctica las recomendaciones de Lewis y cómo lo hacen de una manera optimizada, tal y como recomendaba Higueras, al aportar una variada gama de actividades para la enseñanza implícita y explícita de las UL, atendiendo a los *chunks*, a las UL superiores a la palabra y a su organización en el eje horizontal, y todo ello sin olvidar las diferentes dimensiones de lo que significa conocer una UL.

Sin embargo, además de las actividades proporcionadas por los manuales, el profesor dispone de otras vías para fomentar la atención a las unidades léxicas en el aula. Por una parte, si estamos atentos al léxico que aparece a través de las diferentes unidades que componen el manual, no es difícil detectar que, en muchas ocasiones, la frecuencia de aparición de algunos verbos polisémicos nos brinda una excelente oportunidad para focalizar la forma y profundizar en la UL en cuestión, desarrollando así el conocimiento cualitativo de la misma (siempre sin salirnos demasiado de los objetivos de las unidades y en función de las características de nuestros estudiantes). A veces son los propios manuales los que proporcionan la oportunidad para reciclar y profundizar en determinada UL, como es el caso del verbo *llevar* en *Aula 1*, que aparece como uno de los objetivos léxicos de la unidad 4 (¿Cuál prefieres?) con los significados de 'transportar', 'comprar' (en este caso, *llevarse*) y 'vestir' o 'tener puesto' y más adelante, en la unidad 7 (¡A comer!), para hablar de los ingredientes de un plato.

Entre las actividades que ofrece el libro de *Complemento de Gramática y vocabulario*, encontramos una (concretamente, la actividad 10 de la unidad 4) que les da a los estudiantes la oportunidad de detenerse para reflexionar sobre algunos significados del verbo *llevar* que han aparecido en esta unidad. A través de seis modelos de lengua, los alumnos tienen que traducir para observar las diferencias de significado según el contexto. Más adelante, en la unidad 7 se reciclan estos usos vistos anteriormente y se mezclan con los nuevos significados que se han visto en la unidad y con otras UL polisémicas como *poner*.

No obstante, aquí solo se contemplan los usos de *llevar* que se han visto en las diferentes unidades, por lo que correría a cargo de los propios profesores planificar el diseño de otras actividades que reciclen los usos ya conocidos, que incorporen los nuevos y por qué no, tal y como proponía Willis y Willis en el manual *Collins Cobuild English Course* (1989), añadir algunos usos más, aunque sea de una manera descontextualizada en relación a la temática de las unidades que el manual propone. Sabemos que se trata de UL muy rentables, dada su alta frecuencia de uso y su variedad de significados, por lo que al retomar estos contenidos léxicos, además de aumentar la exposición a los mismos para favorecer su memorización, podríamos aprovechar para ofrecer nuevas muestras de lengua con nuevos usos de la UL en cuestión.

Como hemos dicho anteriormente, el enorme abanico de significados para una misma UL haría imposible una contextualización para focalizar sus usos en diferentes situaciones comunicativas, pero, como nos recuerda Gómez del Estal (2004), muchas observaciones de aula efectuadas por varios autores indican que la mayoría de las reflexiones metalingüísticas iniciadas en el aula por los propios estudiantes tienen que ver con el léxico. Preguntas del tipo "¿qué diferencia hay entre *quedar* y *quedarse*?" son las más frecuentes entre los aprendientes. Situaciones como esta nos proporcionan a los profesores la ocasión ideal para atender a la forma y profundizar en las UL, lógicamente, siempre con sentido común y atendiendo al nivel y a las características del grupo con el que estemos trabajando. Un reciente caso en el aula puede servir para ilustrar este punto. Se trata de una estudiante de nivel A1 que acaba de observar y de reflexionar sobre el régimen preposicional de algunos verbos de movimiento (*ir en/a/hacia*; *viajar a/por*; *pasar por*; etc.). En el caso de *pasar*, la única preposición que focaliza la unidad es *por*, sin embargo, en otros textos de la misma unidad aparece el mismo verbo con otras preposiciones y por tanto, con diferente significado, concretamente, *pasar (X días) en*. El encuentro de los estudiantes con estas nuevas muestras de lengua inmediatamente genera el interés por la UL, primero a una alumna y, a partir de sus preguntas, al resto de sus compañeros. Esta situación le da al profesor la ocasión ideal para dedicarle tiempo a esta UL y profundizar en ella.

Con respecto a las producciones correctas de los estudiantes, Lewis (2000) recomendaba aprovechar las oportunidades que con frecuencia surgen en el aula y dedicarle tiempo al análisis de las diferentes UL a partir de lo que los alumnos hayan dicho correctamente. Es cierto que el ritmo de la clase no siempre nos permite focalizar determinados aspectos de manera espontánea, sin embargo, aunque lo mejor sería aprovechar el mismo instante en que tuvo lugar la producción, también sería interesante hacerlo bien al final de la actividad o bien al final de la clase, pero no dejar pasar la oportunidad de dar un refuerzo positivo a partir de las producciones correctas de los estudiantes. Es posible que un estudiante esté poniendo en práctica la estrategia de utilizar una UL que ha aprendido recientemente, por lo que los minutos dedicados al análisis de su producción tendrán con toda probabilidad un efecto positivo y ayudará a que esa UL pase con más facilidad a la memoria a largo plazo.

Por último, tenemos que referirnos a la corrección de los errores léxicos como una ocasión idónea para la atención reactiva a la forma (o, como lo llama Gómez del Estal (2004), *incidental focus on form*), es decir, un caso de atención a la forma de una manera no planificada que se produce cuando el profesor recoge los errores de los estudiantes y decide dedicarle tiempo de la clase al análisis de los mismos. Dado que el propio estudiante ha aportado el significado, su atención está completamente libre para atender a la forma. Este tipo de reflexión explícita en el aula resulta altamente efectiva, pues estamos intentando ayudar a los estudiantes a decir adecuadamente lo que ellos mismos quieren expresar.

Los errores de los estudiantes nos proporcionan una excelente oportunidad para ampliar información sobre las UL objeto de análisis, pues el contexto lo proporcionan los propios alumnos, bien a través de sus preguntas o a partir de sus producciones correctas, como decíamos en los apartados anteriores, o bien a partir de sus propios errores. Por tanto, los profesores deberíamos aceptar que, ante un error léxico por parte de nuestros estudiantes, ante una producción correcta y ante las preguntas propias de una situación de aula sobre el funcionamiento de la lengua que están aprendiendo, lo recomendable no es corregir sin más (o solucionar las dudas con celeridad), sino aprovechar la oportunidad para organizar y aumentar el lexicón mental dedicando algo de tiempo a ampliar información sobre las UL objeto de atención (Lewis, 2000).

BIBLIOGRAFÍA

Boers, F. y Lindstromberg, S. (2009): *Optimizing a Lexical Approach to Instructed Second Language Acquisition.* New York: Palgrave MacMillan.

Cervero, M.J. y Pichardo, F. (2000): *Aprender y enseñar vocabulario.* Madrid: Edelsa.

Chamorro, M.D.; Martínez Gila, P. y Pascual, L. (2016): *Bitácora 1 Nueva edición. Cuaderno de ejercicios*. Barcelona: Difusión.

Chamorro, M.D. y Martínez Gila, P. (2016): *Bitácora 2 nueva edición. Cuaderno de ejercicios.* Barcelona: Difusión.

Corpas, J.; García, E. y Garmendia, A. (2013): *Aula 1* Nueva edición. Barcelona: Difusión.

Corpas, J. y otros. (2014): *Aula 6 Nueva edición*. Barcelona: Difusión.

Gómez del Estal Villarino, M. (2004): "Los contenidos lingüísticos o gramaticales. La reflexión sobre la lengua en el aula de E/LE: criterios pedagógicos, lingüísticos y psicolingüísticos". En J. Sánchez Lobato e I. Santos Gargallo (eds.), *Vademécum para la formación de profesores, Enseñar español como segunda lengua (L2)/lengua extranjera (LE),* pp. 767-778. Madrid: SGEL.

Higueras García, M. (2004): "Claves para la enseñanza de léxico". En *Carabela 56*, 5-25. Madrid: SGEL.

Higueras García, M. (2006): *Las colocaciones y la enseñanza de ELE*. Madrid: Arco/Libros S. L.

Lewis, M. (1993). *The lexical approach.* Londres: Language Teaching Publications.

Lewis, M. (1997): *Implementing the Lexical Approach.* Londres: Language Teaching Publicatios.

Lewis, M. (2000): *Teaching collocations. Further Developments in the Lexical Approach.* Londres: Language Teaching Publications.

Nation, I.S.P. (2000): *Learning Vocabulary in another Language Teaching*. Cambridge: Cambridge University Press

Nattinger, J. y DeCarrico, J.S. (1992): *Lexical Phrases and Language Teaching*. Oxford: Oxford University Press.

Pastor Cesteros, S. (2004): "El papel de la reflexión metalingüística en la adquisición de la gramática de E/LE". En en Mª A. Castillo et al. (coords.), *Las gramáticas y los diccionarios en la enseñanza del español como segunda lengua: deseo y realidad. Actas del XV Congreso Internacional de ASELE*, 638-645. Universidad de Sevilla.

Sans Baulenas, N. y otros (2016): *Bitácora 1 Nueva edición. Libro del alumno*. Barcelona: Difusión.

Sans Baulenas, N. y otros (2016): *Bitácora 2 Nueva edición. Libro del alumno*. Barcelona: Difusión.

DAR FORMA AL ENFOQUE LÉXICO: DIRECTRICES PARA CLASE Y TIPOLOGÍA DE ACTIVIDADES

Dolores Chamorro
Centro de Lenguas Modernas, Universidad de Granada

1. EL BAGAJE DEL QUE DISPONEMOS

Es evidente la mayor atención que en los últimos tiempos ha recibido el componente léxico en los materiales de enseñanza, en los encuentros de profesores y en la literatura especializada. Sin duda, ya nos resultan familiares nociones como las de *prefabricado*, *lexicón*, *patrones léxicos* e ideas como las siguientes: que el vocabulario es el eje central de la comunicación, que excede a la palabra, que se debe hablar de diferentes tipos de unidades léxicas –palabras, expresiones institucionalizadas, colocaciones, frases idiomáticas– que requieren distintas aproximaciones en clase, que saber una palabra implica muchos aspectos, que es importante desarrollar las destrezas receptivas en tanto que fuente de patrones de lengua o que acudir al prefabricado redunda en la fluidez y precisión con que esta se habla. Todo ello se deriva del enfoque léxico (Lewis, 1993, 1997), que viene a resolver algunas carencias que presentaba el enfoque comunicativo, en cuanto a la relevancia que le otorgaba al tratamiento explícito del vocabulario, y que en el nuevo enfoque se resume en la prioridad que se le concede a la competencia léxica sobre la gramatical.

2. ¿A DÓNDE LLEVAR AL ALUMNO? CONCIENCIACIÓN, COMPETENCIA LÉXICO-SEMÁNTICA Y AUTONOMÍA

Nuestra pretensión es que el estudiante conforme su aprendizaje teniendo en cuenta las nociones a las que he aludido en el epígrafe anterior. Dada la extensión del léxico de una lengua y de las limitaciones de memorización de un aprendiz (pensemos que en una hora de clase se aprenden unas diez o doce palabras y que un 80 % se pierde en los primeros momentos), parece esencial dotarlo de herramientas y recursos que lo hagan autónomo y que le permitan saber qué aprender, cómo aprenderlo y cómo recordarlo. Antes de aplicar técnicas concretas para poner en marcha el enfoque, es fundamental hacer que el aprendiz tome conciencia de lo que implican los conceptos mencionados y el primer paso es que se los hagamos evidentes mediante actividades en las que dejemos claro su potencial pedagógico y comunicativo. Por una parte, debemos dirigir su atención a identificar qué aprender: los elementos prefabricados en sus distintas unidades (Gómez Molina, 2003) y la variedad de dimensiones que supone conocer una palabra, desde su fonética o su ortografía hasta el entorno discursivo en el que suele aparecer (Cervero y Pichardo, 2000). Por otro lado, a cómo aprenderlo: buscando patrones léxicos en el *input* según los propios intereses o según el tema; manejando diccionarios monolingües y diccionarios de colocaciones u otros instrumentos lexicográficos que faciliten el acceso al uso nativo ya organizado. Y, por último, a cómo recordarlo: por ejemplo, sistematizando lo conocido en diagramas, cajas u otros recursos gráficos (Higueras, 2007; Alonso, 2003). En definitiva, el objetivo de dar forma al enfoque léxico es conseguir cambiar el modo en el que el aprendiz de una lengua ve cómo debe intervenir en su propio aprendizaje para rentabilizar su esfuerzo y desarrollar al máximo sus distintas competencias en esa lengua.

3. CAMBIAR LA PERSPECTIVA

De hecho, los nuevos conceptos con respecto a la organización que establece el hablante nativo entre las distintas unidades léxicas –el lexicón– y a cómo recurre a ellas en la comunicación –el prefabricado– (Baralo, 2005; Nattinger y DeCarrico, 1992) obligan a cambiar muchas prácticas didácticas hasta ahora frecuentes, ya no solo en la tipología de actividades que llevamos a clase, sino en la selección del vocabulario, en la forma en que lo presentamos, en las explicaciones sobre léxico desconocido y en los modos de organizarlo y registrarlo. Lo cierto es que gran parte de nuestras prácticas docentes con respecto al léxico están derivadas de la idea, compartida por profesores y alumnos, de que la palabra actúa como unidad central para articular la enseñanza y de la asunción de que lo que significa conocer una palabra es llegar a su traducción en la propia lengua. Este ha de ser el punto central sobre el que cambiemos la perspectiva en el aula: hay que sustituir el foco sobre palabras aisladas por la atención al lenguaje formulaico, a los prefabricados, y no reducir el conocimiento de una unidad léxica a su equivalencia en la L1, sino a crear conciencia en los alumnos de su relación con otras palabras, a su combinatoria y a su valor pragmático.

Ello no quiere decir que evitemos el trabajo con campos léxicos (relaciones familiares, ropa), con antónimos, sinónimos o con series cerradas (días de la semana), que reflejan una organización "natural" del léxico –bien al contrario, hay que reforzar el conocimiento de estas relaciones semánticas–, sino que fundamentalmente debemos ofrecerle al estudiante una visión más amplia de lo que significa adquirir el vocabulario.

De ahí que, teniendo presente la idea de que hay que enseñar vocabulario rentable según las necesidades de los alumnos (Allen, 1983, citado por McCarthy, 1990: 88), vocabulario instrumental (*está hecho de, lo dices cuando...*) y estructuras de gestión de la comunicación (*¿puedes repetir?, ¿qué quieres decir?*), la forma de presentar las nuevas unidades debe preferir su uso concreto en el discurso e insistir en el aprendizaje del segmento antes que en el de la unidad palabra. Veamos, por ejemplo, la conveniencia de llamar la atención sobre el prefabricado *un amigo mío* frente al uso aislado de *amigo*, para anticiparse a errores motivados por el uso del vocablo en estructuras propias de la lengua materna de los aprendices: **un amigo de mí*, **un mi amigo*, **un amigo de mío*, *mi amigo* (este último pragmáticamente inadecuado en muchos casos) y poder fácilmente extender desde ahí el conocimiento de nuevas colocaciones: *hacer amigos*, *hacerse amigo de...*, promoviendo un "conocimiento cualitativo" de cada unidad léxica (Higueras, 2004:15).

Conviene recordar, llegados a este punto, la afirmación de Lewis (1997) de que la verdadera definición de una palabra es una combinación de su significado referencial y su campo de colocaciones, que debe sustentar toda nuestra práctica docente. No solo en la presentación, en la explicación de vocabulario desconocido es útil valerse de técnicas que incluyan también la combinatoria de esa unidad léxica en el discurso (no recurrir solo a sinónimos, paráfrasis o a su contexto de uso, sino, asimismo, a colocaciones frecuentes), porque mientras las dos primeras hablan del significado referencial de la palabra y la tercera de su significado pragmático, solo la última les ofrece a los alumnos la posibilidad de generar discurso de manera inmediata. Para aclarar el significado de una expresión como *portarse*, podemos acudir a *portarse bien*, *se portó como un niño* o *me he portado fatal*.

Por último, hay que señalar que también la forma en que los estudiantes anotan el vocabulario es un aspecto en el que debemos intervenir con fines pedagógicos. Hasta hace relativamente poco tiempo no se había trabajado con la idea de que hay que enseñarles a tomar nota de las expresiones nuevas de un modo menos atomizador que las listas de palabras aisladas que se registran conforme aparecen. Intentar establecer conexiones entre ellas, apuntar frases completas o prefabricados de distinto tipo, esforzarse en encontrar las colocaciones de esas mismas palabras, además de ayudar a memorizarlas les da la posibilidad de contar, como hemos dicho, con una expresión lista para usar.

4. EN CONCRETO: INVENTARIO DE ACTIVIDADES

Para dar forma al enfoque resulta útil poder recurrir a una serie de actividades ya creadas. De este modo, un profesor novel (o uno veterano que quiera introducir un tratamiento explícito del vocabulario en clase) podrá servirse de ellas para diseñar sus propias secuencias o para complementar el libro de texto que esté usando.

A continuación, se incluye un listado de actividades que aparecen en materiales didácticos editados. Las diferentes categorías dan cuenta de la función que desempeñan en el aprendizaje.

PRESENTAR O PROVOCAR LA NECESIDAD DE USAR UN DETERMINADO VOCABULARIO

- A partir de una serie de palabras o expresiones, clasificarlas según distintos criterios: por tener connotaciones positivas o negativas para los estudiantes, por clases de palabras (verbos, adjetivos, sustantivos...), por ser conocidas o desconocidas, etc.
- Hacer una lista de palabras o expresiones asociadas a un tema (hablar del tiempo: *hacer frío/calor*, *subir la temperatura*, *llover*, *nevar*...).
- Buscar asociaciones de una palabra (*viajar*: *avión*, *perder la maleta*, *hacer trasbordo*...).
- Crear frases que incluyan el máximo de las palabras presentadas.

RECONOCER Y ENTRENAR EL USO EN TEXTOS

Todo texto escrito u oral es una fuente de segmentos de lengua útiles, por lo que hay que entrenar a los estudiantes en extraer de ellos elementos prefabricados. En los textos escritos lo más habitual es que sean las colocaciones las unidades léxicas más rentables para el aprendizaje.

A. EN TEXTOS ESCRITOS

- Buscar expresiones habituales en un determinado tipo de texto (por ejemplo, en una biografía: *nació en*, *se crió*, *estudió*; *durante su infancia*).
- Identificar expresiones claves para contar el contenido de un texto dado (por ejemplo, un robo: *se acercó*, *tiró de*, *salió corriendo*, *lo seguí*...; *por suerte*, *por desgracia*, *menos mal que*... La continuación de la actividad es contar realmente de qué va ese texto).
- Leer un texto con atención y, sin mirar, completar ese mismo texto (del que

previamente se han eliminado algunas expresiones). Después, comprobar las respuestas.

- Completar frases buscando las respuestas en el texto original y explicar su significado (*Esta ley puede ayudar a poner ________ a los ________ laborales. freno/abusos*).
- Reescribir frases con otras palabras que signifiquen lo mismo (*El equipo blanquiazul no conoce la derrota esta temporada, pero hoy no contará con su estrella el danés Jansen.*).
- Buscar prefabricados de diferentes tipos ([verbo+nombre+adjetivo]: *producir sentimientos contradictorios*; [nombre+adjetivo]: *piscina climatizada*, *casa adosada*; etc.).
- Explicar el significado de los prefabricados en su contexto (*tasas de matrícula*, *conceder becas*...).
- Relacionar prefabricados del texto con su definición (*película taquillera*, *película de culto*...).

B. EN TEXTOS ORALES

Desde un punto de vista didáctico, es preferible recurrir a la transcripción de los textos de audio, donde se presentan preferentemente ejemplos de expresiones institucionalizadas en su contexto pragmático y discursivo.

- Subrayar expresiones institucionalizadas en una conversación (*venga*, *mejor te llamo*...) y relacionarlas con su función: insistir, proponer una alternativa...
- Construir una situación comunicativa con los recursos que se les ofrecen (por ejemplo, saludar).
- Buscar alternativas a una fórmula dada (*¿Qué tal si...? / ¿Qué te parece si...? / ¿Y si...?*).
- Comparar prefabricados con la propia lengua materna y buscar equivalentes (*tengo muchas ganas / estoy loco por llegar... I'm so excited.*
- Trabajar con la adecuación pragmática de ciertas expresiones (*hasta luego / hasta la vista / hasta la próxima*), cambios de registro oral y escrito, uso de *tú/usted*, etc.
- Reescribir un diálogo de memoria tras haber trabajado con la transcripción.

SISTEMATIZAR

- Completar colocaciones rentables de ciertas palabras (*tomar*: *el sol* / *café* / *el autobús*).
- Completar frases o un texto con colocaciones dadas (*buscar trabajo* / *quedarse sin trabajo* / *dejar el trabajo*).
- Elegir el término común de una serie de colocaciones (*un delito* / *un error* / *un crimen*: *cometer*).
- Continuar una serie (*carne tierna* / *de cerdo* / *poco hecha*).
- Hacer un listado de recursos para redactar diferentes tipos de textos (secuencia expositiva: *es evidente que*, *cabe señalar*).
- Poner ejemplos de categorías (*una película que me hizo reír*: Mujeres al borde de un ataque de nervios).
- Relacionar sinónimos, antónimos, hipo- e hiperónimos, merónimos y holónimos.
- Señalar en una tabla colocaciones posibles e imposibles ([nombre+adjetivo]).

	chaqueta	mujer	ojos	piel	pelo
marrón/-es					
moreno/a					

- Reconocer las acepciones de una unidad léxica uniendo pares de frases que contextualizan cada uso.
- **Echar**:

1. ¿Le **has echado** sal a la ensalada? 2. Se puso tan agresivo, que tuve que **echarlo** de mi despacho. 3. Tenías que **echarle** el balón a Silvia, estaba sola. 4. Al final, **lo han echado**. Dicen que los clientes habían protestado.	a. Es que no la vi. b. ¡No me digas! Pero ¿qué te dijo? c. No estoy seguro. Pruébala. d. ¡Qué mala suerte! ¿Y cómo se lo ha tomado?

- Crear actividades sobre distintas acepciones de una palabra con el modelo anterior.

INTERACTUAR

- Plantear conversaciones o escritos induciendo al uso de colocaciones rentables (*trabajo bien pagado* / *trabajo con futuro*).

- Transmitir a varios compañeros el contenido de un texto o artículo sobre el que se ha trabajado.
- Juegos convencionales de adivinar; por ejemplo, juego de indicios: títulos de películas (*dirigida por*, *protagonizada por*, *se estrenó*...).
- Construir y representar escenarios y *role plays*.

REPASAR EL VOCABULARIO

- Clasificar por categorías (actividades por la mañana / por la tarde / por la noche).
- Hacer un diagrama con un verbo en el centro (*poner*: *la tele* / *azúcar*).
- Elaborar juegos de adivinar (crear definiciones de vocabulario recién aprendido).
- Marcar el intruso en una serie y explicar por qué lo es.
- Elegir palabras o secuencias de palabras, escribir una frase con ella y comparar con un/a compañero/a.
- Hacer escalas (*genial*/*estupendo*/*bien*/*mal*/*fatal*).
- Hacer una lista de vocabulario de un tema o con una determinada función (referencias temporales: *más tarde*, *luego*, *después*).
- Utilizar actividades lúdicas convencionales (crucigramas, sopas de letras, categorías, tabú, Scrabble, Pasapalabra).

ENTRENAR ESTRATEGIAS

- Reflexionar sobre las estrategias que usa cada estudiante con una ficha de posibilidades.
- Plantear ejercicios de memorizar palabras y comentar qué estrategias usan.
- Reflexionar sobre cómo se ha comprendido el significado de una palabra concreta, de forma aislada o en un contexto (*tijeretazo*, *ruinas*).
- Trabajar con la forma de registrar o anotar nuevas expresiones.

Y, sobre todo, el método por excelencia para adquirir vocabulario: fomentar la lectura, tanto intensiva como extensiva, en clase y fuera de ella, pues es un requisito indispensable mantener el equilibrio entre la parte receptiva y productiva en la adquisición del vocabulario (Baralo, 2005). El aprendiz pone en marcha habilidades distintas en cada proceso y su conocimiento procedimental va a depender del entrenamiento en las distintas actividades.

5. UN PASO MÁS

Como vemos, asumir el enfoque léxico tiene muchas implicaciones y obliga a observar el desarrollo de la clase de un modo especial. Un aspecto de la enseñanza del vocabulario que a menudo se deja de lado es la conveniencia de diagnosticar las necesidades inmediatas de los estudiantes para llevarlos de manera consciente un paso más allá en su habilidad para expresarse en español, previendo los recursos léxicos para cubrir sus crecientes necesidades de expresión.

El aprendizaje de una lengua se representa en ocasiones como una espiral, en tanto que el aprendiz se ve inmerso en las mismas situaciones de comunicación a lo largo de su aprendizaje. No obstante, a medida que progresa en el manejo de la L2, su expresión alcanza mayor precisión, más variedad, y se acerca a la forma en que lo hace un nativo. Como profesores podemos ayudar a extender los recursos de los estudiantes de cualquier nivel en las conversaciones rutinarias y muy habituales, lo que añade una motivación extra al aprendizaje, les hace sentir mayor seguridad y entrevén un amplio camino de trabajo autónomo.

No se trata solamente de aprovechar las circunstancias –si llueve, si hace calor, si tienen buena o mala cara– o la interacción natural que se produce en clase, sino inducir diariamente a ciertas conversaciones, con modelos de interacción planificados para que se adecúen al nivel de lengua que tienen y den ese paso adelante. Así, la pizarra de un A1 va a recoger segmentos como *¿qué te pasa?*, *me duele...*, *¡que te mejores!*.

En la siguiente tabla se ve cómo sistematizar por niveles los recursos con los que extender las posibilidades expresivas de los alumnos:

	A1-A2	B1-B2	C1
Habilidad con los idiomas	Hablo bien/mal/ regular. (No) comprendo/ entiendo... Puedo leer/escribir... Mi primera lengua es...	Mi lengua materna es... Tengo bastante fluidez. Me cuesta entender/ pronunciar... Me siento inseguro/a cuando...	Hablo sin pararme a pensar. Me sale natural. Me expreso con propiedad. Entiendo la idea, pero me cuesta captar los matices.
Hablar del estado físico/ anímico	Estoy cansado/a, triste... No me siento bien.	Estoy muerto/a. Estoy hecho/a polvo. Me encuentro fatal.	La verdad es que no levanto cabeza. Me siento bajo/a de ánimo.
Lo que te gusta	Me gusta el cine. Me interesa...	Tengo mucho interés en... Estoy muy interesado/a en... Me atrae...	Me llama la atención... Se me despertó la curiosidad hacia... Flipo con... Estoy enganchado/a...

Este planteamiento nos permite, además, aludir a consideraciones pragmáticas sobre el grado de formalidad de ciertas expresiones según los contextos. En un momento oportuno podemos preguntar *¿Alguien está hecho/a polvo esta mañana?* como alternativa a *¿Estáis cansados?*. Creamos el hábito de que cada estudiante responda como quiera reutilizando la expresión nueva (*Pues yo estoy hecho polvo porque me quedé jugando al ordenador hasta tardísimo.*). Aunque pueda parecer en contra de los presupuestos comunicativos básicos, pues esta vez la interacción está dirigida por el profesor, con la clara intención de automatizar el prefabricado, la conversación se centra en el significado de lo que los alumnos dicen y debe alentarse la naturalidad de las reacciones y la participación espontánea. Según el nivel del grupo, la situación da pie para introducir nuevas fórmulas –que el profesor puede haber previsto o no– que enriquezcan el lexicón del estudiante por su precisión, su adecuación, su rentabilidad y su alcance.

Los primeros minutos de clase son idóneos para plantear este tipo de práctica, pues rompen el hielo, traen la vida de los alumnos al aula y ponen el acento en el modo de aprendizaje y en el valor central de los prefabricados a la hora de dar fluidez al discurso de los aprendices. Puede parecer un tratamiento incidental del vocabulario, pero no lo es totalmente. Recordemos que, en definitiva, no se trata solo de enseñar más léxico, sino de enseñarlo mejor, de enseñarlo con mayor profundidad y de que, en última instancia, vertebre nuestra actuación en el aula.

No obstante, hay que advertir a aquellos profesores que se inician en el camino de la enseñanza de una lengua extranjera del peligro de malinterpretar esta última afirmación. El hecho de que se insista en la enseñanza explícita y deliberada del vocabulario y de que, en cierto sentido, se haya puesto en primer plano la atención a la forma de las unidades léxicas, con actividades muy dirigidas y estructuradas, no debe inclinar la balanza hacia una enseñanza que pierda de vista el horizonte comunicativo, donde lo esencial será la comunicación efectiva entre los alumnos y las tareas colaborativas. El enfoque léxico, como dice Lewis en el prólogo a su libro de 1993, no es una alternativa al enfoque comunicativo: está integrado en él.

BIBLIOGRAFÍA

Alonso, M. y Prieto, R. (2013). *Embarque 4*. Madrid: Edelsa.

Alonso Raya, R. (2003). "Algunas aplicaciones del Enfoque léxico". *Mosaico, 11*: 9-13. Disponible en: https://dialnet.unirioja.es/servlet/articulo?codigo=5305838

Baralo, M. (2005). "Aspectos de la adquisición de léxico y su aplicación en el aula". En *FIAPE - Primer Congreso internacional: el español como lengua del futuro*. Disponible en: http://www.mec.es/redele/biblioteca2005/fiape/baralo.pdf.

Baralo, M.; Genís, M. y Santana, M.E. (2009). *En vocabulario. Medio B1*. Madrid: Anaya-ELE.

Buendía, M. y Ezquerra, R. (2011). *Protagonistas B2*. Madrid: SM-ELE.

Cerrolaza, M.; Cerrolaza, O. y Llovet, B. (2010). *Pasaporte 4. Libro del alumno*. Madrid: Edelsa,

Cerrolaza, O.; García Viñó, M. y Justo, P. (2010). *Pasaporte 4. Libro de ejercicios*. Madrid: Edelsa.

Cervero, M.J. y Pichardo, F. (2000). *Aprender y enseñar vocabulario*. Madrid: Edelsa.

Chamorro, M.D. (2012). "El foco en la forma léxica: cómo enseñar vocabulario". En *Mosaico, 30*: 26-33. Disponible en: https://dialnet.unirioja.es/servlet/articulo?codigo=5308605.

Chamorro, M.D. y Martínez Gila, P. (2012). *Bitácora 2. Cuaderno de ejercicios*. Barcelona: Difusión.

Equipo Entinema. (2011). *Etapas Plus*. Madrid: Edinumen.

Fernández Montoro, D. (2015). *Enseñar cultura a través del léxico: una combinación para favorecer el aprendizaje en el aula de ELE*. Tesis doctoral inédita. Granada.

Gómez Molina, J.R. (2003). "Las unidades léxicas: tipología y tratamiento en el aula de ELE". En *Mosaico, 11*: 4-8. Disponible en: https://dialnet.unirioja.es/ejemplar/413080

Lewis, M. (1993). *The Lexical Approach. The State of ELT and a Way Forward*. Londres: Language Teaching Publications.

Lewis, M. (1997). *Implementing the Lexical Approach*. Londres: Language Teaching Publications.

Higueras García, M. (2007). "Técnicas para la enseñanza del léxico", en *Mosaico, 20*: 37-42. Disponible en: https://dialnet.unirioja.es/ejemplar/413199.

Mc Carthy, M. (1990). *Vocabulary*. Oxford: Oxford University Press.

Morante, R. (2005). "Modelos de actividades didácticas para el desarrollo léxico". En *Revista REDELE 4*. Disponible en: https://dialnet.unirioja.es/servlet/articulo?codigo=1350226 .

Sans, N. y otros. (2013). *Bitácora 3*. Barcelona: Difusión.

Sarralde, B. y otros. (2014). *Vitamina C1*. Madrid: SGEL.

Vidiella, M. (2012). "El enfoque léxico en los manuales de ele". En *Marcoele, 14*. Disponible en: http://marcoele.com/descargas/14/vidiella-lexico.pdf

VV. AA. (2004). "La enseñanza de léxico en español como segunda lengua / lengua extranjera". *Carabela, 56*. Madrid: SGEL.

APRENDER LÉXICO, UNA CUESTIÓN DE ESTILO Y MUCHA ESTRATEGIA

María Cabot
International House Barcelona

1. INTRODUCCIÓN

Todas las premisas sobre las que se sustenta el aprendizaje comunicativo de la lengua son válidas para la enseñanza del léxico. Una de las que tiene una especial relevancia en este ámbito es la diferencia entre el aprendizaje explícito y el implícito. Los métodos más tradicionales basaban sus doctrinas en el primero y, como contraste a esto y por tener más afinidad con sus planteamientos metodológicos, el enfoque comunicativo al principio se decantó por el implícito. Actualmente, siguiendo las premisas del enfoque léxico, se considera que la mezcla de los dos, junto con el desarrollo de estrategias, es la combinación ideal para optimizar la adquisición de léxico.

Además, para adquirir adecuadamente una unidad léxica, es necesario conocer las limitaciones que rigen su uso dependiendo de la función o la situación. Se da preferencia al uso dentro de un contexto frente a los aspectos formales, sin dejar completamente de lado estos, no al menos en las propuestas más evolucionadas del enfoque comunicativo.

Siguiendo la descripción de Higueras (2006: 9-10), podemos destacar varios principios del enfoque comunicativo relacionados especialmente con el léxico:

- Partir de las necesidades concretas de nuestros alumnos.
- Defender la enseñanza explícita de estrategias para conseguir que el alumno se responsabilice de su aprendizaje.
- Respetar distintos estilos de aprendizaje.
- La enseñanza contextualizada del léxico.
- La atención a las cuatro destrezas lingüísticas.
- La incorporación del componente lúdico en el aprendizaje.
- La necesidad de relacionar los contenidos léxicos con otros contenidos que integran la competencia comunicativa.

- El aprendizaje del léxico no como un fin en sí mismo, sino como algo supeditado a la mejora de la competencia comunicativa del alumno.

Higueras plantea la importancia de que la enseñanza esté centrada en el alumno y en sus necesidades; en tener siempre en cuenta sus estilos de aprendizaje y en trabajar las estrategias de forma explícita para que la adquisición sea más efectiva y para que los aprendientes se sientan más integrados en el proceso y su motivación aumente.

Empieza a ser habitual que los manuales incluyan actividades centradas en estos aspectos y, por eso, hemos considerado relevante analizar el efecto y la importancia que tienen en el proceso de aprendizaje.

2. ESTILOS DE APRENDIZAJE

A pesar de que no se ha podido llegar a un consenso en la clasificación de los estilos de aprendizaje, muchos autores han expuesto su propuesta de clasificación. Entre ellos, se encuentran Cervero y Pichardo (2000: 108-109) y Villanueva (2002: 251-252).

Cervero y Pichardo proponen tres estilos:

- Orientado a la práctica: el estudiante aprende las nuevas unidades léxicas usándolas en actividades significativas en el aula.
- Cognitivo-abstracto: el estudiante aprende mejor con el uso de esquemas, asociogramas, todo lo que le ayuda a organizar el léxico
- Comunicativo-cooperativo: se le da preferencia al trabajo en equipo para intercambiar ideas y opiniones.

Estos tres estilos comparten aspectos positivos y entre ellos se complementan perfectamente. Es decir, un estudiante con un estilo de aprendizaje más cognitivo-abstracto, puede beneficiarse mucho al adquirir habilidades para usar el léxico aprendido tanto en actividades de práctica, como en situaciones de intercambio comunicativo y en cooperación con otros estudiantes y viceversa.

Villanueva, en cambio, organiza su clasificación a partir de la contraposición de dos términos antónimos:

- Independiente de campo / dependiente de campo: a diferencia de los independientes, los dependientes son poco autónomos, dependen mucho del profesor y tienen pocas habilidades para inferir normas.
- Global / analítico: el analítico tiene tendencia a aprender por partes y a plantearse los conceptos de forma aislada.

- Reflexivo / impulsivo: al contrario que los reflexivos, los impulsivos tienen poca capacidad de concentración, necesitan que les motiven y dependen mucho del docente.
- Tolerante / intolerante: contrariamente a lo que sucede con los tolerantes, los intolerantes tienen dificultad para aceptar aspectos como, por ejemplo, la ambigüedad o los errores.

Si aceptamos la premisa de que un estudiante autónomo (con poca dependencia del docente y con habilidades para inferir significados por sí mismo) tiene más posibilidades de aprender de forma efectiva una lengua extranjera, podemos deducir fácilmente qué estilos no fomentan la capacidad de aprender nuevo léxico de forma significativa y autónoma. Todos los estudiantes, sean cuales sean sus estilos, dominan algunas estrategias que les resultan útiles, pero los docentes deberíamos ayudarlos a ampliar el conocimiento y uso de otras técnicas que les permitan acceder a varios estilos de aprendizaje. Sin embargo, las autoras anteriores coinciden en la clasificación que atiende al tipo de percepción que tenga más desarrollado el aprendiente: visual, auditivo, cinestésico, táctil o multisensorial (este último solo lo consideran Cervero y Pichardo).

En cuanto a los estilos relacionados con la percepción, estos se consideran igualmente acumulables. Cada aprendiz tiene, en principio, algunos más desarrollados que otros y, por lo tanto le resulta más sencillo trabajar con estos y usarlos en cualquier experiencia de aprendizaje. Ahora bien, si se facilita el acceso en el aula a actividades que aumenten la habilidad al usar otras percepciones y se entrena lo suficiente, se adquirirán nuevas estrategias de aprendizaje de léxico relacionadas con ellas y mejorará así la competencia léxica.

A la hora de trabajar estrategias de aprendizaje en el aula, por lo tanto, sería conveniente saber cuáles predominan más en nuestros estudiantes, de manera que se pueda rentabilizar las habilidades ya adquiridas para centrarse en practicar aquellas que los estudiantes controlan menos, con el fin de ayudarlos a ser aprendientes más productivos. De entre todas las posibles estrategias de aprendizaje de léxico, ¿cuáles se deberían priorizar en el aula? Aquellas que incluyan procesos cognitivos más allá de la memorización de listas de léxico y que ayuden a crear estudiantes autónomos en su proceso de aprendizaje.

Los estudiantes en ocasiones recurren a diferentes estilos y estrategias según los contextos planteados, lo cual demuestra que estos no son inmutables y fijos, sino flexibles y cambiantes (Diccionario de términos clave de ELE: "estilo de aprendizaje"). Por lo tanto, si aceptamos la idea de que los estilos de aprendizaje y las estrategias se adquieren, deberíamos preguntarnos qué hace que unos arraiguen más profundamente que otros. Algunos de los factores que afectan son, por ejemplo, los personales, la forma de ser, la edad, la aptitud, la actitud o la motivación. Otro motivo fundamental son las experiencias de aprendizaje.

Los diferentes contextos de aprendizaje previos pueden haber fomentado el uso de cierto tipo de estrategias y estilos de aprendizaje. Por ejemplo, un estudiante acostumbrado a memorizar listas de palabras y a realizar actividades de repetición, en las que no se precisa reflexión alguna, seguramente desarrollará las estrategias necesarias para resolver este tipo de actividades. Sin embargo, es probable que este mismo aprendiz se sienta perdido al tener que enfrentarse a una clase con un enfoque más comunicativo en el que se le pida que interactúe con los compañeros, o que intente deducir el significado de las unidades léxicas presentadas a partir de un contexto dado, ya que no habrá desarrollado previamente estrategias para ello.

Para alcanzar en el aula los objetivos planteados en el apartado anterior, primero hay que saber hasta qué punto son nuestros estudiantes conscientes de su forma de aprender y de la efectividad de esta. Villanueva (2002: 244) nos advierte de que cualquier aprendiz de lenguas realiza hipótesis más o menos conscientes sobre los datos de su experiencia y estas hipótesis le llevan a desarrollar estrategias para experimentar pragmáticamente sus conclusiones sobre el funcionamiento de la lengua que está aprendiendo. Dichas estrategias pueden ser también más o menos conscientes, pero están implícitas en los errores y aciertos que jalonan el proceso de aprendizaje.

Todos usamos estrategias para solucionar problemas tanto lingüísticos como de otro tipo. Seguro que somos capaces de verbalizar algunas de ellas, porque estamos acostumbrados a realizarlas habitualmente y porque nos hemos esforzado mucho en adquirirlas e ir mejorándolas a lo largo de los años, por ejemplo con técnicas para orientarse o para comunicarnos mejor en el entorno laboral, entre otras.

De la misma manera, somos conscientes de algunas de las estrategias que ponemos en práctica para el aprendizaje de nuevo léxico en una lengua extranjera y para resolver problemas léxicos en los intercambios comunicativos. La cuestión es saber hasta qué punto los estudiantes lo son, es decir, si pueden explicar y describir las estrategias que usan más frecuentemente, cuáles menos y a cuáles no recurren nunca o casi nunca y por qué.

Si consideramos la competencia léxica una de las bases más importantes en la adquisición de una lengua, siempre resultará beneficioso que los alumnos analicen sus habilidades de aprendizaje con el objetivo de mejorarlas. Esto les hará ver de forma clara sus propias tendencias de aprendizaje y les ayudará a analizar y plantearse otras opciones, con las cuales tendrían que trabajar en el aula con cierta frecuencia, de forma que, al usarlas de forma más ágil, pasen del plano consciente al inconsciente. De este modo, al dominar diferentes estilos de aprendizaje, los alumnos dispondrán de más herramientas o estrategias para clasificar las unidades léxicas en la mente, asimilarlas adecuadamente y recuperarlas con más facilidad.

3. ESTRATEGIAS PARA EL APRENDIZAJE DE LÉXICO

Podríamos definir las estrategias de aprendizaje de léxico como el conjunto de técnicas, habilidades y procedimientos cognitivos de los que dispone cada hablante para la adquisición de unidades léxicas de una L2. Estas le permitirán la realización de hipótesis sobre su uso, su significado y sobre las diferentes relaciones que establecen con el objetivo de desarrollar su competencia léxica. Tal y como dice Morante (2005: 26), desarrollar el lexicón implica desarrollar estrategias de aprendizaje específicas de vocabulario.

Según Cervero y Pichardo (2000: 110) las estrategias pueden ser enseñadas, si entendemos por enseñar el hacer conscientes a los estudiantes de su existencia, pues se trata de conocimientos conscientes que los alumnos ya utilizan en su lengua materna, aunque sea de forma inconsciente.

Si queremos enseñar dichas estrategias hay que realizar en el aula cierto tipo de actividades que tengan como objetivo tanto la asimilación del léxico como las habilidades para aprender a aprender. Es fundamental que el estudiante tenga la oportunidad de analizar los procesos cognitivos que lleva a cabo y que decida en cada caso qué estrategias le pueden ser de más utilidad y por qué. Tal y como decía anteriormente, el dominio inconsciente de ciertas estrategias y el aprendizaje consciente de otras dotan al estudiante de una capacidad de reflexión sobre la adquisición de léxico que ampliará en gran medida su capacidad para asimilar, recuperar y usar adecuadamente las unidades léxicas que necesite en cada momento.

4. ACTIVIDADES PARA EL APRENDIZAJE DE LÉXICO

4.1. ACTIVIDADES PARA CONCIENCIAR A LOS ALUMNOS

A continuación expondremos algunas actividades del aula que llevan al desarrollo de estrategias para que los alumnos adquieran estilos de aprendizaje más efectivos que les lleven a una adquisición de léxico más duradera y rentable:

- Analizar las estrategias que usan cuando tienen que memorizar un conjunto de unidades léxicas relacionadas con un campo semántico concreto. Se les puede dar un límite de tiempo para intentar recordar el máximo de palabras posibles. De esta manera, se obliga a los aprendices a usar aquella o aquellas estrategias con las que son más hábiles.
- Decidir, a partir de una lista de unidades léxicas de un mismo campo semántico, qué harían ellos para recordarlas y aprender a usarlas.
- Presentarles algunas actividades que fomentan estrategias diferentes y proponerles que discutan sobre cuáles les resultarían más interesantes o menos; con cuáles creen que aprenderían más y mejor las unidades léxicas y por qué.
- Agrupar a los estudiantes por estilos de aprendizaje similares. Todos van a trabajar con el mismo grupo de unidades léxicas, pero con actividades diferentes. Cada grupo tiene una actividad o varias que desarrollan estrategias diferentes con las que están poco familiarizados. Realizan la actividad y al final se les propone un proceso de reflexión sobre la realización de las actividades.
- Pedirles que escriban una lista de estrategias que usan cuando están hablando y quieren decir una palabra que no recuerdan o no saben cómo se dice. Compartirlas con los compañeros y que hagan una lista de las que no usan habitualmente.

4.2. ACTIVIDADES PARA APRENDER Y PRACTICAR NUEVAS ESTRATEGIAS

A. REDES SEMÁNTICAS

- Asociar elementos léxicos a sus experiencias personales (gustos y preferencias, experiencias vividas, cosas que nunca han hecho o harían).
- Asociar ciertas unidades léxicas a otras que conocen en otras lenguas, tanto por su significado como por su sonido.
- Creación de historias usando las unidades léxicas propuestas.
- Relacionar conceptos léxicos con ciertos movimientos, olores, imágenes y sonidos.
- Realización de mapas conceptuales.
- Clasificación por categorías.
- Crear familias de palabras.

B. OTRAS OPCIONES

- Hipótesis y deducción de significado y el uso por contexto (a partir de su conocimiento del mundo y del contexto discursivo proporcionado).
- Realización de resúmenes usando ciertas palabras clave escogidas de antemano.
- Realización de fichas de palabras en las que decidan cuestiones como la categoría gramatical, otras palabras de la misma familia, otras palabras del mismo campo semántico, otras palabras con las que se puede relacionar para crear otras unidades léxicas).
- Contrastar lenguas y traducir para comparar usos y significados.
- Explicar a otros estudiantes unidades léxicas que no conocen y que cada uno ha subrayado. Al final se permite el uso del diccionario para resolver las que queden sin explicar.
- Actividades para aprender a usar adecuadamente el diccionario (diferentes acepciones, registro, posibles combinaciones).

C. RELACIONADAS CON LA COMUNICACIÓN Y LA FLUIDEZ

Con el fin de ayudar a los aprendices a mantener una conversación fluida y a que consigan una mejor competencia comunicativa, podemos trabajar en el aula con actividades que les enseñen a:

- Hacer paráfrasis, descripciones y definiciones de términos.
- Encontrar sinónimos y antónimos.
- Usar términos genéricos en lugar de específicos o al revés.
- Usar la mímica, los gestos y los sonidos para obtener el término.
- Usar el conocimiento que tengan de otros idiomas.
- Evitar la palabra y buscar otra forma de llegar al mismo sitio sin usarla.
- Poner ejemplos a partir de contextos concretos.
- Usar experiencias compartidas entre los hablantes como referente.
- Decir otras palabras con las que asocian un término.
- Ser conscientes del registro (expresión formal, coloquial, vulgar).

Una actividad común en las aulas que fomenta el uso de las anteriores estrategias es La frase en la pizarra. Un estudiante se sienta de espaldas a la pizarra, otro escribe una frase y entre todos los estudiantes tienen que intentar explicarle la frase al estudiante que no puede leerla, sin usar las palabras de la frase. El hecho de que haya un vacío de información (algo que descubrir) y una dificultad o impedimento para la consecución, hace que los estudiantes se esfuercen en buscar estrategias que les permitan hacerse entender.

No podemos olvidar que estas actividades deberían contar siempre con un componente lúdico que aporte motivación y que ayude a que las mismas resulten más interesantes.

5. TIPOS DE SIGNIFICADOS Y RELACIONES ENTRE PALABRAS

Muchas de las actividades propuestas en los apartados anteriores basan su diseño y su funcionamiento en los diferentes tipos de significado de las palabras y en las diferentes relaciones entre ellas. Vamos a ver qué importancia tienen estos aspectos en las actividades.

5.1. TRABAJAR DIFERENTES TIPOS DE SIGNIFICADO

A. SIGNIFICADO CONNOTATIVO Y DENOTATIVO

El denotativo es el significado más objetivo de una palabra, es decir aquel que podemos encontrar en el diccionario. Sin embargo, no podemos obviar que el léxico de una lengua está sujeto a otros factores (como, por ejemplo, el contexto sociocultural) que le aportan un significado más concreto, subjetivo y que, como dicen Cervero y Pichardo (2000: 24), no son transferibles en su totalidad a otras comunidades culturales. Si pensamos en el concepto de "bar" y lo buscamos en el diccionario obtendremos un significado denotativo muy claro y comprensible. Sin embargo, si nos ponemos a analizar el concepto de bar en las diferentes culturas, seguramente no coincidiría el que se tiene en España con el de Alemania o el de China, ya que hay ciertas diferencias en el uso que hacemos de esos espacios. Esto se puede trabajar, por ejemplo, en la actividad de construir fichas de palabras, en las que se tengan en cuenta los dos tipos de significado según los diferentes contextos de uso. O si trabajamos con actividades visuales, usando imágenes o vídeos de bares de las culturas de los estudiantes para que encuentren las diferencias y puedan adquirir ese significado connotativo y así comprender y asimilar de forma más completa lo que significa el concepto "bar" en nuestra cultura.

B. SIGNIFICADO CONTEXTUAL Y COTEXTUAL

El contexto en el que se encuentran los hablantes marca el léxico que van a usar en cada momento, ya que ese contexto nos da información sobre el registro, la relación entre los hablantes, su intención, etc. Además, el discurso que se genera, el cotexto, decide también el uso de unos componentes léxicos u otros. Estos significados se trabajan en todas las actividades antes propuestas.

C. SIGNIFICADO COLOCACIONAL

Como ya se viene haciendo desde hace bastante tiempo, en la enseñanza del léxico no se pueden obviar las diferentes combinaciones de palabras, ya que estas crean nuevos significados que los alumnos necesitan adquirir para obtener una completa competencia léxica. Igual que en el caso anterior, todas las actividades propuestas previamente pueden trabajar este tipo de significado.

D. SIGNIFICADO PRAGMÁTICO

Para entender una unidad léxica no podemos separarla, por ejemplo, de la situación en la que se usa ni de la intención del hablante o el tono en el que se dice. En todas las actividades que llevemos al aula para ayudar a nuestros estudiantes a mejorar sus estrategias de aprendizaje del léxico, no debemos prescindir de este tipo de significado: no es lo mismo decirle *Haz lo que quieras* a alguien con una sonrisa y un beso, que decírselo a alguien a quien llevamos media hora diciéndole que no haga algo y no nos hace caso. El tono y la intención puede ser muy diferente en ambos casos.

5.2. TRABAJAR DIFERENTES RELACIONES ENTRE PALABRAS

Cuando queremos usar alguna de las estrategias relacionadas con la comunicación es muy habitual recurrir a diferentes tipos de relaciones de palabras, como por ejemplo la hiperonimia y la hiponimia, la polisemia o los sinónimos y antónimos. Como estudiantes podemos recurrir a un hiperónimo para intentar explicar un hipónimo (usar *ropa* para llegar al concepto "camisa") o al revés (usar *camisa* para obtener "ropa"). Y de la misma manera podemos recurrir a los sinónimos o antónimos (*gordo-delgado / frío-caliente / limpiar-ensuciar*). Este tipo de relación también es muy efectiva como estrategia para la adquisición de léxico, ya que ayuda a los estudiantes en la organización mental del nuevo léxico y en la relación que establecen con el léxico del mismo campo semántico de su L1 o de otras L2.

La polisemia también es un recurso muy útil para las estrategias de aprendizaje, ya que los estudiantes pueden comparar los diferentes significados de una misma palabra en español (en diferentes contextos) con su L1 y ver las coincidencias y las diferencias entre ellas, lo que resulta muy positivo en su proceso de almacenamiento de los componentes léxicos de la L2.

Tanto los diferentes tipos de significados como las relaciones entre palabras deberían formar parte de las actividades que decidamos llevar al aula con el objetivo de mejorar sus estrategias de adquisición de léxico, es decir, de aprender a aprender y, en definitiva, de adquirir más léxico y de forma más permanente.

6. CONCLUSIÓN

Iniciaremos esta conclusión con una cita de Villanueva (2010) sobre el proceso que nos lleva a una adquisición efectiva del léxico: "aquellas estrategias que favorecen la elaboración de redes o relaciones sistémicas entre los conocimientos favorecen el aprendizaje". Cuando los conocimientos nuevos pueden entretejerse de manera significativa con lo ya conocido, se favorece la adquisición porque se hace posible el almacenamiento de las nuevas experiencias en la memoria a largo plazo y, por tanto, la posibilidad de recuperación de la información en forma de conocimiento significativo. Un conocimiento es significativo cuando se convierte en herramienta activa que puede ser utilizada por el que aprende en nuevas situaciones.

Las estrategias de aprendizaje son, por lo tanto, herramientas imprescindibles para los estudiantes, ya que gracias a ellas la adquisición de una L2 se agiliza y resulta mucho más rentable. Fomentan y facilitan la autonomía de los estudiantes y los hacen más competentes en el proceso de aprender a aprender. De ahí que sea tan necesario conseguir que sean conscientes de los estilos de aprendizaje que predominan en cada uno de ellos y que aprendan a analizar cuáles de las estrategias que usan son más o menos significativas para que su aprendizaje sea lo más productivo posible. Algunos manuales de ELE ya incluyen actividades muy interesantes y bien elaboradas de este tipo, así que llevarlas al aula es cada vez más fácil.

BIBLIOGRAFÍA

Cervero, M. J. y Pichardo Castro, F. (2000). *Aprender y enseñar vocabulario*. Madrid: Edelsa

Higueras García, M. (2006). *Las colocaciones y su enseñanza en la clase de ELE*. Madrid; Arco/ Libros S. L.

Higueras García, M. (2009). "Aprender y enseñar léxico". *marcoELE 9*.

Morante Vallejo, R. (2005). "El desarrollo del conocimiento léxico en segundas lenguas". *Cuadernos de didáctica del español/LE*. Madrid: Arco/Libros S. L.

Sánchez Benítez, G. (2010). "Las estrategias de aprendizaje a través el componente lúdico". *marcoELE, 11*.

Vidiella Andreu, M. (2012). "El enfoque léxico en los manuales de ELE". *marcoEle 14*.

Villanueva, M. L. (2010). "Los estilos de aprendizaje ante los retos de la Europa multilingüe". *marcoELE 10*.

EL PAPEL DE LAS COLOCACIONES EN LA ENSEÑANZA Y EL APRENDIZAJE DEL ESPAÑOL

Verónica Ferrando
Centro de Estudios Hispánicos de la URV

No cabe duda de que en estos momentos estamos asistiendo a una gran expansión de la enseñanza del léxico y a un auge del enfoque lexicalista en nuestras aulas de español como lengua extranjera. En este sentido, cabe destacar que, en el campo del ELE, la enseñanza del léxico ya no se limita, como antaño, a mostrar únicamente las formas y significados de las palabras, sino que empieza a prestar especial atención también a su combinatoria y dentro de esta a lo que se conoce como *colocaciones* o *combinaciones frecuentes de palabras*.

1. ¿QUÉ SON LAS COLOCACIONES?

La noción de colocación, desde que fue expuesta por Firth (1957), ha sido definida de maneras muy diversas por diferentes estudiosos en la materia. No es nuestra intención pasar revista aquí a las numerosas definiciones, pues ya existe una extensa bibliografía sobre el tema. Nos limitaremos a señalar aquellas definiciones que puedan resultar más útiles para la enseñanza de ELE.

Dentro del amplio abanico de definiciones, se pueden diferenciar diversos enfoques. El más útil para la enseñanza y el aprendizaje de ELE es, sin lugar a dudas, el enfoque pedagógico o didáctico que simplifica la definición del término de modo que resulte comprensible y rentable para los profesores de una lengua extranjera y permita una aplicación efectiva en el marco del aula.

A nuestro modo de ver, Palmer (1933) puede considerarse el iniciador de la corriente didáctica. Este profesor de inglés establecido en Japón no solo fue el primero en utilizar el término *colocación* en el ámbito de la lingüística, antes incluso que Firth, sino que, dada su profesión, también fue el primero en señalar la gran dificultad que la combinatoria léxica entraña para el aprendiz de idiomas.

A pesar de la importancia de los estudios de Palmer, tendremos que esperar a los años noventa para poder presenciar el verdadero auge de la corriente didáctica, concretamente gracias a la publicación de los trabajos de Lewis (1993, 1997, 2000). Este lingüista es el padre del llamado *enfoque léxico*, una evolución del método comunicativo que presta una especial atención al léxico.

Para Lewis, el punto de partida en la enseñanza de una lengua no es la gramática, sino las unidades léxicas y las relaciones existentes entre las mismas, y, dentro de las diferentes unidades léxicas, las que adquieren mayor importancia son las colocaciones (entendidas en sentido lato) porque ayudan a memorizar el léxico y a su posterior recuperación. Este estudioso aporta una definición de *colocación* que contempla no solo combinaciones restringidas o tipificadas, sino también combinaciones probables o usuales de palabras.

Desde la óptica de la enseñanza del español como lengua extranjera, debemos destacar la propuesta de Higueras (2004, 2006a y 2006b). Esta autora considera que las colocaciones son: "un tipo de unidades léxicas que el profesor tiene que resaltar para que el alumno aprenda las combinaciones frecuentes de las palabras en una lengua extranjera y que se facilite la creación de redes de significados que permitan memorizarlas en el lexicón" (2006b: 38).

En cuanto a la tipología de las colocaciones, la clasificación más detallada que existe hasta el momento para el español es la establecida por Koike (2001: 46). Dicho autor se inspira en los trabajos de Corpas (1996) y en Castillo Carballo (1998), y establece seis tipos de colocaciones:

A. sustantivo + verbo	
A1. sustantivo (sujeto)+ verbo	**rumiar {la vaca}**
A2. verbo + sustantivo (CD)	**cometer un homicidio**
A3. verbo + preposición + sustantivo	**andar con bromas**
B. sustantivo + adjetivo	**lluvia torrencial, amor ciego**
C. sustantivo + preposición + sustantivo	**banco de peces**
D. verbo + adverbio	**comer opíparamente**
E. adverbio + adjetivo/participio	**diametralmente opuesto**
F. verbo + adjetivo	**resultar ileso, salir malparado**

Tal como se advierte en los ejemplos de Koike, la colocación es una combinación generalmente binaria. Cabe advertir que ambos elementos no tienen el mismo estatus, en el sentido de que uno de los elementos selecciona al otro. El elemento seleccionador es la base y el elemento seleccionado, el colocativo. La base es semánticamente autónoma, mientras que el colocativo añade una caracterización que no modifica la identidad del caracterizado. La base es el elemento caracterizado, y el colocativo, el elemento caracterizador, el cual solo realiza plenamente su identidad semántica en la colocación; esto es, conjuntamente con la base[1].

Por último, cabe advertir que consideramos, al igual que Koike, que la colocación es un fenómeno recursivo, pues existen colocaciones en las que uno de los colocados es, a su vez, una colocación (*sufrir una derrota aplastante*, *saldar una deuda astronómica*, *contratar una póliza de incendios*, *experimentar una profunda alegría*, etc.).

2. ¿CÓMO ABORDAR LA ENSEÑANZA Y EL APRENDIZAJE DE LAS COLOCACIONES?

El dominio de las colocaciones constituye una competencia en sí misma y resulta indispensable para poder expresarse con naturalidad y precisión. Si bien es posible, y a veces incluso aconsejable, dejar la enseñanza de locuciones o modismos para los niveles intermedio y avanzado, pues muchas expresiones presentan peculiaridades morfológicas o sintácticas que podrían dificultar el aprendizaje (cfr. Forment Fernandez, 1998: 339), no ocurre lo mismo con las colocaciones. Así, compartimos con la mayoría de estudiosos sobre el tema la idea de que la enseñanza de las colocaciones debe abordarse ya desde los niveles iniciales, puesto que, como hemos señalado, su dominio permite expresarse con naturalidad y fluidez, así como con precisión.

Ahora bien, su estudio debería intensificarse en los niveles avanzados, pues como advierten Lewis (1993) o Willis (1990), lo que realmente caracteriza a un alumno de nivel avanzado frente a otro de nivel intermedio es la fluidez y precisión lingüísticas, cosa que solo es posible cuando en la memoria se posee un enorme repertorio de bloques o combinaciones que el hablante ha memorizado como un todo y puede combinar al hablar (Grymonprez, 2000). Por tanto, en los niveles más altos del aprendizaje uno de los objetivos fundamentales debería ser incrementar o reforzar la competencia colocacional de los estudiantes, es decir, la habilidad de combinar palabras para que puedan expresarse de la misma forma en la que lo haría un hablante nativo.

Navarro (2003) considera que la didáctica de las unidades fraseológicas debería tener los mismos objetivos del curso, integrándose en la programación y tratándose como un aspecto más del desarrollo de la competencia comunicativa, afirmación

---

1 En las colocaciones de [sustantivo + verbo], de [verbo + sustantivo], de [sustantivo + adjetivo] y de [sustantivo + (preposición) + sustantivo], la base es el sustantivo; mientras que en las colocaciones de [verbo + adverbio] y en las de [adverbio + adjetivo], lo son el verbo y el adjetivo, respectivamente.

que nosotros hacemos extensible a las colocaciones, pues estas constituyen un tipo de unidad fraseológica.

En este sentido, consideramos que las colocaciones deberían incluirse en las unidades temáticas correspondientes y, a ser posible, en relación con una función comunicativa. Así, cuando en el aula abordemos un tema nuevo, a la hora de introducir o repasar el vocabulario deberemos mostrar también las colocaciones más usuales. La mejor manera de hacerlo será partiendo de la base y estableciendo redes semánticas (basadas en relaciones de hiperonimia, hiponimia, sinonimia o antonimia). Por ejemplo, en una clase dedicada al tema de los consejos y cuyos objetivos comunicativos fueran dar y recibir consejos, a modo de introducción se podría preguntar a los alumnos *¿qué podemos hacer con un consejo?* o *¿cómo puede ser un consejo?* para, a partir de dichas preguntas, ir tomando nota en la pizarra de las colocaciones posibles.

Lo que no está tan claro es qué colocaciones presentar en cada uno de los niveles de aprendizaje, ya que se siguen echando en falta estudios de frecuencias que nos permitan determinar esta cuestión.

Siguiendo a Higueras (2006a: 31), lo más rentable parece ser partir de las áreas temáticas de interés para nuestros alumnos y trabajar las colocaciones relacionadas con un tema concreto o con una función lingüística determinada. Es decir, se trataría de introducirlas en las unidades temáticas correspondientes y practicarlas en contexto. Este es el criterio que se adopta en el nuevo *Plan curricular del Instituto Cervantes* (2007) –en adelante, *PCIC*–, documento que establece los objetivos generales y los contenidos de la enseñanza del español en los distintos centros del Instituto Cervantes del mundo.

Uno de los aspectos más destacables del *PCIC* es la definición de los contenidos léxico-semánticos desde una perspectiva de análisis de carácter nocional que permite dar cuenta de la dimensión combinatoria del léxico. El resultado es el desarrollo de dos inventarios de vocabulario en términos de Nociones generales y Nociones específicas, en los que se incluyen, además de lexías simples, toda una serie de unidades léxicas pluriverbales (entre ellas, múltiples colocaciones).

Cabe señalar que la combinatoria que ofrecen los inventarios nocionales del *PCIC* no es exhaustiva, pues pueden –y deben– añadirse nuevos elementos. A pesar de la falta de exhaustividad, el *PCIC* constituye una ayuda inestimable a la hora de determinar qué colocaciones llevar al aula en los diferentes niveles, pues, tal como se indica en su introducción, es "una base de orientación general que podrá servir de referencia a quien lo utilice a la hora de seleccionar y distribuir por niveles las unidades léxicas que precise para sus propios fines" (*PCIC*, 2007: 333). En este sentido, debemos concluir que la enseñanza de las colocaciones en ELE debería necesariamente tomar como punto de partida los inventarios del *PCIC*.

Otra herramienta –desde nuestro punto de vista, indispensable– para determinar en qué nivel enseñar una determinada colocación es el *Diccionario de colocaciones del español* de Margarita Alonso Ramos (2004) –en adelante, DiCE–. Se trata de un diccionario de colocaciones en línea que ofrece tanto la frecuencia de uso como el nivel de las colocaciones que recoge y que está organizado en campos semánticos. Por el momento, su nomenclatura se limita a los nombres de sentimiento para los que recoge un total de 20 000 relaciones léxicas (paradigmáticas y sintagmáticas). Tal como se indica en su introducción:

> Aquí podrá encontrar las colocaciones más frecuentes de los nombres de sentimiento, así como sus derivados semánticos. En el DiCE no encontrará la definición de *abatimiento*, *alegría* ni *vergüenza*, pero sí con qué otras palabras se combinan estos nombres. Por ejemplo, podrá comprobar que en español decimos una *alegría loca* para expresar que la alegría es muy grande, pero no decimos una *vergüenza loca* sino una *vergüenza terrible*.[2]

Si consultamos, por ejemplo, la entrada "amor" de este diccionario en línea, veremos que *dar amor* se considera una colocación de nivel B1 frente a *sentir amor* que sería de nivel C1 o *profesar amor* que se consideraría propia ya del nivel C2.

3. EL TRATAMIENTO DE LAS COLOCACIONES EN LOS MANUALES DE ESPAÑOL

Lo cierto es que el tratamiento que damos al léxico en nuestras clases suele estar supeditado al manual que usemos. La elección de uno u otro manual influye de manera decisiva en el desarrollo de nuestras clases. Si queremos facilitar el aprendizaje del léxico, deberemos optar por un manual que otorgue al léxico la importancia que se merece.

El problema es que, hasta hace poco tiempo, el léxico solía ser la oveja negra de los métodos de ELE; y no digamos ya las colocaciones, que eran las grandes olvidadas y solo se abordaba su tratamiento explícito a partir del nivel avanzado.

---

2 Cita tomada de http://www.dicesp.com/paginas, con acceso el 2/5/2017.

Sin embargo, la aparición en 2011 de *Bitácora* (Difusión) marca un antes y un después en el mundo de ELE porque este nuevo método sigue el enfoque léxico de Lewis (1993) y centra su enseñanza en el léxico, prestando especial atención al fenómeno colocacional, entendido en sentido lato.

Lo cierto es que trae nuevos aires a la enseñanza del léxico, pues a lo largo del manual encontramos numerosas y variadas actividades para enseñar colocaciones ya desde el nivel inicial, a las que denomina "palabras en compañía".

Un año después de la publicación de *Bitácora*, aparece en el mercado otra obra centrada en el tratamiento de las colocaciones en el aula de ELE: *El uso interactivo del vocabulario y sus combinaciones más frecuentes* (Edelsa, 2012).

A diferencia de *Bitácora*, no se trata de un manual, sino de una obra complementaria para profundizar en el conocimiento del léxico. Está destinada a los niveles superiores (B2-C2) y trabaja las colocaciones en relación a dieciocho áreas temáticas. El objetivo es dominar las colocaciones "para hablar como un nativo".

Cada unidad incluye una sección titulada Las colocaciones léxicas para hablar como un nativo, donde encontramos actividades tanto dirigidas como abiertas para que los usuarios puedan tomar conciencia de las colocaciones y familiarizarse con el fenómeno. Como actividades novedosas presentes en este libro, quisiera destacar:

- ¿Con qué palabra?: actividad en la que los alumnos deben identificar qué palabra falta en el centro del diagrama y después escribir frases con las colocaciones léxicas de los diagramas.
- Interactúa: sección donde el alumno trabaja con gráficos extraídos de material auténtico para preparar un debate de actualidad con el objetivo de practicar de forma interactiva las colocaciones que ha aprendido en la unidad.

Confiamos en que los nuevos métodos que vayan apareciendo en el mercado sigan la línea de estas dos obras y presten a las colocaciones la atención que se merecen.

4. PRINCIPALES HERRAMIENTAS PARA TRABAJAR LA COMPETENCIA COLOCACIONAL EN LAS CLASES

Además del *PCIC* y del DiCE, a los que ya hemos hecho referencia anteriormente, existen otras herramientas que pueden resultar, así mismo, muy útiles para la enseñanza y el aprendizaje de las colocaciones. Quisiéramos distinguir tres tipos de fuentes: los corpus textuales y programas de concordancias; los buscadores en español (Bing, Google y Yahoo, entre otros); y, por último, los blogs o páginas de internet sobre colocaciones. El común denominador de todas estas herramientas es que permiten a los aprendices de ELE familiarizarse con el modo en que unas palabras se combinan con otras, dejando que lo descubran por sí mismos; esto es, favorecen al máximo el aprendizaje autónomo.

Por lo que respecta a los corpus lingüísticos, cabe señalar que pueden ser usados no solo por el profesor como sustitutos de los tan anhelados estudios de frecuencias a la hora de determinar qué colocaciones enseñar, sino que también resultarán muy útiles en manos de los propios alumnos para mejorar su competencia colocacional.

En un primer momento, el profesor será el encargado de informar a los estudiantes sobre la existencia de estas herramientas y de instruirlos en su uso, para que, en un segundo momento, puedan convertirse en usuarios autónomos, responsables de su propio proceso de aprendizaje.

Si bien hay otros corpus lingüísticos de la lengua española, los más prácticos y accesibles son, a nuestro parecer, el Corpus de Referencia del Español Actual de la Real Academia Española –en adelante, CREA– y el Corpus del Español de Mark Davies, pues ambos están disponibles en línea y el acceso a los datos es gratuito[3].

El manejo de estos corpus no está exento de dificultades y es posible que, si no están familiarizados con su uso, muchos estudiantes se sientan desbordados por la cantidad de datos y no puedan extraer ninguna utilidad de la consulta. Sin embargo, estamos de acuerdo con Sala Caja (2004: 132) en que es posible superar tales trabas si se toman algunas precauciones, por ejemplo, preparar con antelación sesiones que exploren la relación entre el *input* y el *output* de una búsqueda, su sintaxis o que introduzcan la idea misma de colocación.

El profesor que quiera iniciar a sus alumnos en el uso de los corpus para trabajar colocaciones podrá encontrar algunas propuestas de actividades en Álvarez Cavanillas (2008) y en Higueras (2006a). Por poner solo un ejemplo, Álvarez Cavanillas (2008: 75) propone un ejercicio para la presentación de colocaciones en el que los alumnos, tras leer algunas opiniones de fumadores y ex fumadores, deberán buscar en el CREA las concordancias del sustantivo *fumador*, cosa que les permitirá profundizar en el conocimiento cualitativo de dicha palabra.

---

3 Para conocer en detalle las diferencias entre ambos corpus y sus aplicaciones didácticas véase Ferrando (2010).

A pesar de los muchos beneficios de trabajar con corpus lingüísticos, en nuestra opinión, dichas fuentes son un complemento idóneo para los alumnos de nivel avanzado o superior, pero pueden resultar poco apropiadas para los de niveles más bajos. Otra posibilidad más accesible para estos estudiantes es trabajar con motores de búsqueda como Google o Yahoo, pues los alumnos ya están familiarizados con ellos. El empleo de los buscadores para extraer información colocacional puede ser un paso previo antes de que los aprendices se aventuren en el uso de corpus lingüísticos y programas de concordancias propiamente dichos.

Un último tipo de herramienta de gran utilidad para los docentes que quieran trabajar las colocaciones en clase son los blogs y portales sobre colocaciones. Si bien son bastante numerosos para el inglés, en el caso del español, por el momento (que sepamos) solo contamos con el blog de COLOCATE[4], un grupo de investigación de la Universidade da Coruña, cuyo principal interés se centra, como sus propios miembros advierten en la presentación del mismo, en el estudio y descripción de las colocaciones con el objetivo de desarrollar herramientas útiles para aprendices de español como lengua extranjera.

Estamos ante un blog de carácter divulgativo que, en un tono desenfadado y ameno, aunque sin perder nunca de vista el rigor científico, pretende acercar el fenómeno léxico de las colocaciones al mundo de ELE. En dicho blog podemos encontrar tanto información teórica sobre colocaciones como actividades prácticas. Entre estas últimas, queremos destacar la actividad colgada el 20 de junio de 2011 (¿Qué es una colocación?), un ejercicio breve de rellenar huecos donde se explica el concepto de colocación, que puede resultar especialmente útil para estudiantes de nivel C1 en adelante. Naturalmente, como todo blog, también permite colgar nuestros propios comentarios u opiniones sobre el tema. Por todo ello, creemos que se trata de un recurso imprescindible para ponernos y mantenernos al día en materia colocacional.

5. CONCLUSIONES

A pesar de todos los avances comentados anteriormente en la enseñanza y el aprendizaje de las colocaciones del español, cabe reconocer que todavía queda un largo camino por recorrer. Especialmente si tenemos en cuenta la gran cantidad de materiales existentes sobre colocaciones para el aprendizaje de otras lenguas (como la inglesa). Este retraso tiene su explicación en el hecho de que el término *colocación*, así como el estudio de dicho fenómeno léxico, se incorporó muy

4 Disponible desde internet en: http://collocate.blogspot.com.es/ con acceso el 7-5-2017.

tardíamente a la lingüística hispánica. De hecho, hubo que esperar a la publicación del *Manual de fraseología española* de Gloria Corpas (1996) para que el uso del término *colocación* se estabilizara y alcanzase mayor difusión en el ámbito de la lingüística hispánica.

BIBLIOGRAFÍA

Alonso Ramos, M. (2004). *Diccionario de Colocaciones del Español*. La Coruña: Universidad de La Coruña. Disponible en: <http://wwwdicesp.com/> [con acceso el 1-5-2017].

Álvarez Cavanillas, J. L. (2008). "Algunas aplicaciones del enfoque léxico al aula de ELE", *RedELE 9*.

Castillo Carballo, M. A. (1998). "El término 'colocación' en la lingüística actual", *LEA 20/1*: 41-54.

Corpas Pastor, G. (1996). Manual de fraseología española. Madrid: Gredos.

Davies, M. (2002). Corpus del Español (100 millones de palabras, siglo XII – siglo XX). Disponible en: http://www.corpusdelespanol.org/x.asp [con acceso el 1-5-2016].

Ferrando, V. (2010). "Materiales didácticos para la enseñanza-aprendizaje de las colocaciones: análisis y propuestas", *RedELE 11*.

Firth, J. R. (1957). "Modes of meaning", *Papers in linguistics 1934-1951*. J. R. Firth. Oxford: Oxford University Press, páginas 190-215.

Forment Fernández, M. M. (1998). "La didáctica de la fraseología ayer y hoy: del aprendizaje memorístico al agrupamiento en los repertorios de funciones comunicativas". *Actas del VIII Congreso Internacional de ASELE*, ed. Francisco Moreno Fernández. Acalá de Henares: Servicio de publicaciones de la Universidad de Alcalá de Henares, páginas 339-347.

Grymonprez, P. (2000). "El enfoque léxico y la enseñanza del Español para Fines Específicos", *Mosaico 5*: 16-22.

Higueras García, M. (2004). *La enseñanza aprendizaje de las colocaciones en el desarrollo de la competencia léxica en el español como lengua extranjera*. Tesis doctoral inédita. Madrid: Universidad Complutense de Madrid.

Higueras García, M. (2006a). *Las colocaciones y su enseñanza en la clase de ELE*. Madrid: Arco/ Libros S. L.

Higueras García, M. (2006b). Estudio de las colocaciones léxicas y su enseñanza en español como lengua extranjera. Málaga: ASELE, *Colección Monografías nº 9*.

Instituto Cervantes (2007). *Plan curricular del Instituto Cervantes. Niveles de referencia para el español*, Madrid: Instituto Cervantes, Biblioteca Nueva.

Koike, K. (2001). Colocaciones léxicas en el español actual: estudio formal y léxico semántico. Alcalá de Henares: Servicio de publicaciones de la Universidad de Alcalá de Henares.

Lewis, M. (1993). *The Lexical Approach*. Londres: Language Teaching Publications.

Lewis, M. (1997). *Implementing the Lexical Approach*. Londres: Language Teaching Publications.

Lewis, M. (2000). T*eaching collocations. Further Developments in the Lexical Approach*. Londres: Language Teaching Publications.

Navarro, C. (2003). "Didáctica de las unidades fraseológicas". *Didáctica del léxico y Nuevas tecnologías*, eds. M. Vittoria Calvi y F. San Vicente. Milán: Mauro Baroni, páginas 99-111.

Palmer, H. E. (1933). *Second Interim Report on English Collocations*. Tokio: Kaitakusha.

Prada de, M.; Salazar, D. y Molero, C. M. (2012). *Uso Interactivo del vocabulario y sus combinaciones más frecuentes*. Madrid: Edelsa.

Real Academia Española. Corpus de referencia del español actual. Disponible en: http://www.rae.es [con acceso el 1-5-2017].

Sala Caja, L. (2004). "Aliarse con internet para aprender (sobre el) vocabulario", *Carabela 56*: 121-143.

Sans Baulenas, N.; Martín Peris, E. y Garmendia, A. (2011). *Bitácora 1*. Barcelona: Difusión.

Willis, D. (1990). *The Lexical Syllabus*. Londres: HarperCollins Publishers.

LOS COGNADOS EN LA ADQUISICIÓN Y LA EVALUACIÓN DE SEGUNDAS LENGUAS

Jon Andoni Duñabeitia,
Basque Center on Cognition, Brain and Language, Donostia
María Borragán
Basque Center on Cognition, Brain and Language, Donostia
Aina Casaponsa
Lancaster University

Las personas multilingües son conscientes desde las primeras etapas del aprendizaje de las lenguas de que el léxico multilingüe (es decir, el vocabulario de las lenguas) está compuesto por palabras de naturaleza muy diferente. Así, los multilingües saben que hay algunos conceptos que pueden expresarse mediante palabras cuya apariencia formal es similar en al menos algunas de las lenguas que conocen. Por ejemplo, un hablante bilingüe español-inglés sabe que de entre las múltiples formas que uno puede encontrar en el léxico inglés para referirse al concepto de "responder" en español, uno de los términos equivalentes por traducción es formalmente muy similar: *respond*. Y es que a nivel ortográfico y fonológico, *responder* y *respond* son prácticamente idénticos. La pregunta crítica que desde la neurociencia cognitiva del lenguaje y la psicolingüística se está tratando de responder en los últimos años es si en las diferentes fases de la adquisición de lenguas no nativas, el uso de este tipo de palabras equivalentes por traducción con gran solapamiento formal (llamadas *palabras cognadas*, o simplemente *cognados*) puede resultar una herramienta diagnóstica y evaluativa de cara a estimar el conocimiento lingüístico que una persona tiene en esa lengua. En resumen, y adelantándonos a la propuesta que guía la acción científica de varios grupos a nivel internacional y que desgranaremos en este artículo, parece ser que, en general, es más fácil aprender, recordar y utilizar *respond* que *reply* o *answer* en los primeros estadios de la adquisición y consolidación del inglés por parte de una persona nativa de español, a pesar de que *reply* o *answer* puedan ser palabras más utilizadas por los nativos de la lengua inglesa.

Las palabras cognadas tienen en común tres características definitorias. En primer lugar, los cognados tienen el mismo origen etimológico, que generalmente es fácilmente accesible si buscamos su raíz léxica. En el caso de *respond* y *responder*, el término latino *respondēre* es el nexo translingüístico. En segundo lugar, y aunque parezca una obviedad, las palabras cognadas han de mantener un significado casi idéntico en ambas lenguas, siendo así pares de palabras equivalentes por traducción. Si bien el lector pudiera pensar que esto es aparentemente irrelevante, proponemos pensar durante unos segundos en pares de palabras que comparten origen etimológico pero que tienen significados diferentes en las distintas lenguas, como puede ser el caso de *actually* y *actualmente*, ya que *actually* significa *en realidad* y no *en la actualidad*, como podría esperarse de un par de cognados reales. Es importante diferenciar las palabras cognadas de estas otras entidades léxicas que constituyen lo que en psicolingüística se viene llamando *falsos amigos* (también llamados *homógrafos* y/o *homófonos interlingüísticos*, en algunos casos). Dada la falta de solapamiento semántico, y pese a su solapamiento formal, *actually* y *actualmente* son un ejemplo de falsos amigos, y no de cognados. Por último, y en tercer lugar, todos los cognados mantienen un patrón ortográfico y/o fonológico similar, aunque pueden presentar una evolución grafo-fonética distinta en cada lengua, como sería el caso de *hydration* e *hidratación*, que comparten la misma raíz etimológica y el significado, pero no la misma forma fonética o grafémica exacta. ¿Son estos cognados menos cognados que los cognados con mayor solapamiento en sus unidades grafémicas y fonéticas como *piano* y *piano*? En realidad, sí. Desde hace años la caracterización de cognado se ha matizado con variables continuas, cuantificando la cualidad de cognado más allá de una distinción dicotómica, y esto es así porque no se debe medir el solapamiento en términos de todo o nada, como veremos a continuación. Y si no, pensemos un momento en un padre y su hijo. Además de compartir un origen genético similar, ¿se parecen? Para algunos se parecerán más, y para otros se parecerán menos. Puede existir parecido, y este parecido sería equivalente al solapamiento de los cognados, pero no tienen que ser clones idénticos para que percibamos el parecido, ¿verdad?

Así, en los últimos años se está pasando de una clasificación cerrada y maniquea de las palabras del léxico de un bilingüe distinguiendo únicamente entre cognados y no cognados, a una clasificación basada en variables numéricas continuas que permitan establecer con mayor precisión el grado o nivel de solapamiento formal de las palabras (Casaponsa, Antón, Pérez, & Duñabeitia, 2015; Duñabeitia, Dimitropoulou, Morris y Diependaele, 2013; Schepens, Dijkstra y Grootjen, 2011). ¿Y cómo puede hacerse esto? ¿Cuál es el valor o la métrica que mejor se ajusta a lo que hace el sistema cognitivo al procesar esos pares de palabras? Ahora debemos hacer un inciso y dejar claro que en lo que resta de artículo circunscribiremos todo al solapamiento formal basado en unidades ortográficas, ya que es lo que hasta ahora más se ha estudiado en el campo de la psicología experimental y la neurociencia cognitiva del lenguaje. Hablábamos antes del solapamiento orto-fonológico, y esto en lenguas alfabéticas con cierto parecido en los patrones de conversión grafema-fonema es bastante transparente y sencillo de entender: si algo se parece a nivel ortográfico, hay muchas posibilidades de que se parezca también en su sonido, a nivel fonológico. No obstante, el lector debe tener claro que esto se aplica en muchas combinaciones de lenguas alfabéticas, pero no en todas, y, por supuesto, no se aplica en combinaciones que incluyan lenguas no alfabéticas. La palabra española *foca* y su equivalente por traducción en griego, φώκια, guardan un cierto nivel de solapamiento fonológico, pero su relación ortográfica es mucho menos evidente, a no ser que se transcriba utilizando los caracteres latinos (es decir, en su versión *Greeklish*), dejando más al descubierto el parecido: *fwkia* (Dimitropoulou, Duñabeitia y Carreiras, 2011).

Centrándonos pues en las combinaciones de lenguas que comparten alfabeto y en las que el solapamiento ortográfico suele venir acompañado por una similitud a nivel fonológico también, los cognados se clasifican por el número de letras que se solapan en las dos lenguas en cuestión, y se considera que su vínculo, su solapamiento y su nivel de cognado es más fuerte cuantas más letras (y fonemas) compartan. No obstante, el lector debe ser consciente de que el simple cómputo manual de las unidades repetidas entre dos palabras en cada posición concreta dentro de la cadena no determina el nivel de solapamiento al que nos referimos, y que en la actualidad se utilizan herramientas un poco más finas para estos cálculos, que no limitan el solapamiento a cosas que ocurren de manera idéntica y en el mismo lugar en dos palabras. Así, la métrica más extendida hasta el momento para determinar el grado de cognado o de solapamiento entre dos pares de palabras equivalentes por traducción es una versión de la distancia Levenshtein que tiene en cuenta el número de operaciones requeridas para convertir una palabra en otra, y que corrige este número en función de la longitud de las palabras (Leveshtein, 1965). No es lo mismo una letra de diferencia entre *restaurant* y *restaurante*, que una letra de diferencia entre *tea* y *té*.

La introducción de los cognados como objeto de estudio en el plano de la psicolingüística a través de paradigmas clásicos ha contribuido enormemente para entender cómo procesan sus lenguas los bilingües, y en qué medida existe activación paralela de los dos léxicos de un bilingüe dentro del gran lexicón compartido (véase a modo de ejemplo, y entre muchos otros, De Groot, Dannenburg y van Hell, 1994; Dijkstra, Grainger y van Heuven, 1999; Gerard y Scarborough, 1989; Kroll y Stewart, 1994; Sánchez-Casas, Davis y García-Albea, 1992). En la actualidad, y pese a que no existe un consenso científico absolutamente general, se estima que las representaciones léxicas y conceptuales de los cognados podrían concurrir en el lexicón mental bilingüe en una misma entrada léxica que admite ciertas variaciones alográficas o alofónicas, en vez de tener cada palabra cognada una representación diferente y diferenciada en cada una de sus lenguas (véanse Duñabeitia, Dimitropoulou, Morris, & Diependaele, 2013; Voga & Grainger, 2007). No obstante, independientemente de la consideración teórica sobre el modo en el que las palabras cognadas se representan en el lexicón bilingüe, en lo que sí existe un consenso máximo en el campo es en que el solapamiento subléxico y semántico entre las palabras cognadas conlleva una activación más rápida de estas palabras a la hora de seleccionarlas entre muchos otros candidatos léxicos y competidores (Costa, Caramazza, Sebastián-Gallés, 2000; De Groot, 1992).

Así, los estudios realizados con cognados han encontrado consistentemente un efecto facilitador que muestra menos tiempo de reacción y menor número de errores en múltiples tareas lingüísticas, incluyendo tareas de traducción, reconocimiento visual de palabras, lectura silente y en voz alta, y producción verbal de cognados (Caramazza y Brones, 1979; Cristoffanini, Kirsner y Milech, 1986; De Groot, Borgwaldt, Bos y Van den Eijnden, 2002; Dijkstra, Van Jaarsveld y Ten Brinke, 1998; Duñabeitia *et al.*, 2010; van Heuven, Dijkstra y Grainger, 1998; Lemhöfer y Dijkstra, 2004; Lemhöfer, Dijkstra y Michel, 2004; Boada, Sánchez-Casas, Gavilán, García-Albea y Tokowicz, 2013). Por ello, recientes estudios neurocientíficos apoyan la idea de que las representaciones de estas palabras pudieran estar solapadas como si de una misma entrada léxica se tratara (Midgley, Holcomb y Grainger, 2011; Peeters, Dijkstra y Grainger, 2013). Y en línea con lo descrito anteriormente sobre el modo de caracterizar a los cognados, los estudios más recientes han demostrado que el efecto facilitador de estas palabras depende en gran medida de la cantidad de unidades que se solapan entre las dos palabras, de modo tal que las palabras cognadas con mayor solapamiento formal son procesadas más rápido que aquellas con menor solapamiento (Dijkstra, van Heuven y Grainger, 1999; Dijkstra et al., 2010; Lemhöfer y Dijkstra, 2004; Lemhöfer *et al.*, 2004; Van Assche, Duyck, Hartsuiker y Diependaele, 2009). Es decir, a mayor solapamiento formal entre dos palabras que son equivalentes por traducción en dos lenguas diferentes, menor coste cognitivo implicado en su procesamiento, y mayor rapidez y corrección en su producción y comprensión, tanto verbal como escrita.

Tanto es así, que numerosos modelos teóricos sobre el reconocimiento de palabras por parte de los bilingües han tratado de explicar en los últimos años el modo en el que los cognados se procesan por parte de los hablantes multilingües, incluyendo el solapamiento subléxico entre las variables definitorias de los mecanismos de activación léxica. Claro ejemplo de esto son los modelos de corte conexionista (Dijkstra y Van Heuven, 1998, 2002), que intentan describir cómo los bilingües procesan sus lenguas aludiendo a la similitud interlingüística de las palabras. Volviendo al ejemplo que utilizábamos anteriormente, los modelos teóricos predicen (y los datos experimentales demuestran que así es, en efecto) que si un bilingüe español-inglés está hablando de una acción tomada sobre un correo electrónico que ha recibido, su sistema cognitivo podrá procesar de manera más sencilla y menos costosa la palabra *respond* como traducción de *responder*, que la palabra *reply* como traducción de *contestar*, como consecuencia del mayor grado de solapamiento entre el primer par de equivalentes por traducción.

Sin embargo, ¿cuál es la relación entre la sensibilidad del sistema cognitivo a los cognados y el nivel de competencia lingüística en una lengua no nativa? Lo crea el lector o no, esta relación no solamente existe, sino que además es estrecha y, de alguna manera, sorprendente. Varios estudios han demostrado que a medida que adquirimos niveles de competencia más altos en una lengua no nativa, la facilitación en el procesamiento de las palabras cognadas respecto a las no cognadas (es decir, respecto a los equivalentes por traducción que no se parecen a nivel orto-fonológico) tiende a hacerse más pequeña, llegando incluso a desaparecer en ciertas circunstancias (Bultena, Dijkstra y Van Hell, 2014). Puesto de otro modo, cuanto mejor somos capaces de producir y comprender mensajes en una lengua no nativa, menos facilitadores resultarán las palabras cognadas entre esa lengua y nuestra lengua nativa. Así, se ha observado una relación inversa entre lo que en psicolingüista se llama el efecto de cognado (es decir, la diferencia entre el procesamiento de palabras que se parecen a nivel formal con nuestra lengua nativa y las palabras que no) y la competencia adquirida en la lengua no nativa. Pero si lo pensamos bien, seguramente esto no debiera extrañarnos. Dada la similitud subléxica que las palabras cognadas guardan entre sí, no es de extrañar que su adquisición y consolidación en memoria sea más efectiva que para las palabras que no poseen parecido alguno con nuestra lengua nativa, y que estos efectos sean más claros y contundentes durante las primeras fases del aprendizaje de una lengua, o puesto de otro modo, que sean menos estables una vez se ha alcanzado un nivel competencial muy alto en esa nueva lengua. Por ejemplo, en etapas tempranas del aprendizaje del inglés como una lengua no nativa, palabras como *bank* (*banco* en castellano) son fácilmente aprendidas y consecuentemente son mucho más fáciles de reconocer que palabras como *thief* (*ladrón* en castellano). Sin embargo, a medida que consolidamos nuestro manejo del inglés, cada vez reconoceremos *thief* más rápido, hasta el punto que si un bilingüe español-inglés adquiere un nivel de inglés parecido al de un nativo le será casi igualmente fácil procesar la palabra *bank* como traducción de *banco*, que la palabra *thief* como la traducción de *ladrón*. O al menos eso es lo que se cree a día de hoy en el campo de la psicolingüística.

Una de la hipótesis más sostenidas que da cuentas de esta disminución del efecto de cognado a medida que adquirimos niveles más altos de competencia en la lengua no nativa se basa en las conexiones establecidas entre las formas léxicas (es decir, el sonido y/o la apariencia gráfica de las palabras) y su significado. En etapas tempranas del aprendizaje, las palabras cognadas tienden a identificarse correctamente como palabras existentes en la lengua en cuestión, y a procesarse mucho más rápido que las palabras no cognadas, gracias a las conexiones establecidas entre la lengua nueva (no nativa) y nuestra lengua materna que nos ayudan a aprehender y posteriormente a acceder al significado de las palabras de manera más eficaz. Por ejemplo, *respond* posee un gran parecido con *responder*, palabra para la que ya existe una ruta directa establecida con su significado en nuestra lengua materna. En cambio, la palabra *reply* no se parece con su equivalente de traducción en nuestra lengua materna, requiriendo esto la creación de nuevas conexiones entre la nueva forma léxica (*reply*) y su significado. Estas conexiones serán débiles al principio, con lo que un español aprendiendo inglés tendrá que hacer un gran esfuerzo para recordar qué significa esta palabra, y frecuentemente lo recordará gracias a que la ha vinculado (con esfuerzo) a su equivalente por traducción en castellano. Pero este mecanismo de acceso a la lengua no nativa mediatizado por el acceso a la lengua nativa es lento, cognitivamente demandante y costoso. Por suerte, el acceso al léxico de los bilingües varía en función del dominio de la lengua no nativa, y llegados a un punto de dominio de la lengua no nativa, ya no será siempre necesario acceder a las palabras de la (ya no tan) nueva lengua a través de las palabras de la lengua nativa. Aumentando las instancias de utilización y reconocimiento de la palabra *reply* en varios contextos, las conexiones entre la representación léxica (la forma de la palabra) y su significado se harán cada vez más fuertes y directas, con lo que cada vez se recurrirá menos al acceso a esa palabra a través de su equivalente por traducción. En resumen, esta disminución del efecto facilitador que las palabras cognadas poseen parece ser debido a una reducción progresiva en el coste que supone procesar y reconocer palabras completamente nuevas que no tienen un parecido con ninguna palabra en nuestra lengua materna. Es decir, a medida que adquirimos mayor conocimiento en la lengua no nativa, las palabras no cognadas tienden a procesarse casi tan eficazmente como las palabras cognadas gracias a la consolidación de las conexiones directas entre las nuevas palabras y sus significados correspondientes (Grainger, Midgley y Holcomb, 2010).

El lector despierto habrá podido ver la extraña y reiterada utilización del término *casi* en una sentencia científica como la anterior, y se preguntará hasta qué punto ese adverbio marca las limitaciones de nuestro conocimiento, o la cautela de los autores al escribir este artículo. Para satisfacer la curiosidad del lector, diremos que responde a todo eso a la vez, y a una modulación recientemente descubierta del efecto de cognado que nos ha resultado altamente sorprendente y que puede abrir puertas a una nueva interpretación de ese efecto. Esta disminución del efecto de cognado también se ha observado en etapas del desarrollo de la lectura independientemente de la competencia en la segunda lengua. Imaginemos un colegio bilingüe de una sociedad bilingüe donde dos lenguas están presentes en el día a día de los alumnos, dentro y fuera del contexto aula. Por concretar más y acercarnos al estudio en cuestión, pensemos en un colegio bilingüe castellano-euskera del País Vasco donde acuden niños con un nivel competencial muy alto en ambas lenguas. En un estudio llevado a cabo con 100 niños con edades entre los 8 y los 15 años, y con 700 pares de palabras equivalentes por traducción (Duñabeitia, Ivaz y Casaponsa, 2016), se pudo comprobar que incluso para los hablantes nativos de dos lenguas con un nivel competencial muy alto en ambas, el efecto de cognado es permeable por factores asociados al desarrollo cognitivo, modulando la magnitud de la diferencia entre palabras cognadas y no cognadas en función de, por ejemplo, la edad de las personas. En etapas tempranas de la consolidación de la lectura y de la maduración del sistema cognitivo en general, los niños bilingües muestran mayor facilitación que en etapas más tardías del desarrollo al identificar equivalentes por traducción que se parecen ortográfica y fonológicamente (por ejemplo, *liburu* en euskera como traducción de *libro* en castellano, comparado con *ipuin* en euskera como traducción de *cuento* en castellano). Así, a medida que los niños adquieren un mejor manejo de la lectura y que refuerzan las conexiones entre la forma escrita de las palabras y el significado de las mismas, esta facilitación que las palabras cognadas poseen también disminuye. Es decir, no solamente disminuye el efecto de cognado con la adquisición de un mayor manejo de la lengua no nativa, sino que también lo hace con un mayor manejo de la lectura en general incluso en el caso de tener dos lenguas nativas. Dicho de otro modo, hoy en día sabemos que a mayor aptitud o competencia lingüística, tanto en una lengua no nativa (en bilingües secuenciales), como en las diferentes lenguas nativas (en bilingües simultáneos), menor efecto de cognado será observado. Y siendo esto así, estamos a las puertas de una nueva vertiente investigadora con aplicación directa al campo de los procesos de aprendizaje y evaluación de lenguas en la que una medida psicolingüística ampliamente utilizada en el ámbito de la investigación como es el efecto de cognado, se convierte en el candidato por excelencia a ser una herramienta de evaluación lingüística en el ámbito de la educación.

Dada la relación inversa entre el nivel de competencia lingüística y el efecto de cognado, no es para nada descabellado pensar en este efecto como una medida indirecta del conocimiento que alguien tiene de una lengua determinada. De hecho, este es el camino que se ha comenzado a andar, y los resultados hasta ahora son muy prometedores. Según lo que hemos discutido hasta este punto del artículo, el lector podría ya intuir que si observásemos y analizásemos la conducta de varios grupos de bilingües en respuesta a palabras cognadas y no cognadas, cabría esperar que aquellos que muestren mayor facilitación en el reconocimiento de palabras cognadas fueran aquellos con menor competencia en esa lengua. El perspicaz lector está en lo correcto, y esta es precisamente la línea de investigación iniciada hace ya unos años por el equipo de investigación del Dr. Duñabeitia y sus colaboradores. Seguramente la investigación más reseñable hasta el momento, y con mayor potencial de transferencia al campo aplicado, es el estudio a gran escala de Casaponsa, Antón, Pérez y Duñabeitia (2015) realizado en colaboración con una Escuela Oficial de Idiomas. El objetivo de este estudio era investigar si el efecto de cognado podría llegar a utilizarse como herramienta de evaluación de la aptitud adquirida en una lengua no nativa con una simple tarea automatizada de no más de 10 minutos de duración. Para ello se evaluó el efecto de cognado de un número alto de estudiantes castellanoparlantes nativos que estaban aprendiendo inglés en la Escuela Oficial de Idiomas al inicio del segundo semestre, y se compararon los resultados de esta tarea con las notas obtenidas en comprensión lectora al final del curso académico. Así, se trató de establecer la posible validez del efecto de cognado como predictor de los resultados competenciales en pruebas estandarizadas que siguen las normativas europeas del aprendizaje de segundas lenguas, CEFR. Tal y como los investigadores del equipo de Duñabeitia esperaban, los estudiantes de los niveles intermedios de aptitud lingüística (nivel B1, en este estudio) mostraron menor efecto de cognado que los estudiantes en niveles inferiores (A2), demostrando la capacidad de esta medida de capturar nítidamente los diferentes niveles de competencia en una segunda lengua.

Lo más relevante de este estudio de Casaponsa y colaboradores (2015) fue, sin embargo, la sorprendente relación entre la sensibilidad a los cognados y los resultados académicos obtenidos por los diferentes grupos de estudiantes. En niveles intermedios y avanzados del conocimiento de una lengua no nativa, y de acuerdo con las predicciones que se desprendían de los estudios previos, los estudiantes que mostraron un menor efecto de cognado al comienzo del segundo semestre fueron los que obtuvieron una mejor nota en el examen de comprensión lectora al final del curso escolar. Pero sorprendentemente, en etapas más tempranas del aprendizaje de nuevas lenguas (es decir, en niveles bajos de aptitud como es el caso del nivel A2), los estudiantes que mostraron un mayor efecto de cognado en el segundo semestre, fueron los estudiantes con un mayor pronóstico de éxito en la evaluación final. Es decir, en etapas tempranas del aprendizaje de una lengua no nativa donde la adquisición de vocabulario es primordial, los estudiantes que muestran efectos de cognado mayores son los que mejores valoraciones obtienen en los exámenes oficiales. Esto, a simple vista, podría resultar complejo de entender, ya que hasta ahora veníamos hablando de una relación inversa (no directa) entre la magnitud del efecto de cognado y el nivel competencial en una lengua. Pero esta es la verdadera virtud de los resultados científicos inesperados, que a veces nos hacen plantearnos si estamos a las puertas de una mina de oro cuando pensábamos estar mirando una simple cueva. ¿Por qué se invierte la dirección en la que el efecto de cognado predice los logros académicos de los aprendices de una lengua en función de que estos estén en un grupo principiante o intermedio? Nuestra hipótesis de trabajo es clara. Desde nuestro punto de vista, y apoyándonos en estos datos y en mediciones observacionales llevadas a cabo en contextos de aprendizaje de lenguas, en las fases más tempranas del aprendizaje de una lengua no nativa las personas utilizan en exceso las palabras cognadas, ya que, probabilísticamente hablando y en función del parecido con su lengua nativa, es más sencillo que un alumno castellanoparlante con poco conocimiento de inglés pueda decir *to respond to an email* que *to reply to an email*. Igualmente, comunicarse con tecnicismos, neologismos y palabras abstractas que en muchos casos suelen ser términos no suele resultarle difícil al aprendiz, ya que confía en que el uso de este tipo de léxico tan peculiar le libere recursos cognitivos que podrá destinar a otros niveles del procesamiento lingüístico, como la morfosintaxis. En cambio, el aprendiz con un nivel intermedio en la lengua, parece tender a focalizar de nuevo su atención en el nivel léxico, desarrollando y consolidando las conexiones entre la forma y el significado de las palabras. Así, el aprendiz intermedio pasa de mediatizar todo el procesamiento léxico a través de la lengua nativa, a desarrollar conexiones directas entre las formas léxicas de la lengua no nativa y el almacén semántico, sin necesidad de filtrar su acceso al léxico en la nueva lengua por el lexicón nativo. Y dado este cambio de paradigma que ocurre al liberar recursos gracias a tener un nivel competencial mayor, el hablante puede así destinar algunos de esos recursos liberados al trabajo léxico, separando el grano de la paja, y asegurándose de que ante la llegada de un correo electrónico, decide *to reply to it*. No obstante, queremos resaltar que esta línea de investigación es todavía incipiente y que está basada en una hipótesis de trabajo, y que como hipótesis que es, debemos seguir investigando para confirmarla o refutarla. Confiamos en que los próximos estudios ayuden a dilucidar el auténtico valor y carácter predictivo de las palabras cognadas en cada uno de los estadios del aprendizaje de una nueva lengua. En cualquier caso, este estudio puso de manifiesto una realidad que sin duda apunta a la existencia de pepitas de oro dentro de la mina: el efecto de cognado demostró ser tan o incluso más efectivo para predecir el éxito en la Escuela Oficial de Idiomas que factores cognitivos generales (como la capacidad de memoria de trabajo y el cociente intelectual) o demográficos (como la edad cronológica o la edad del primer contacto con la nueva lengua) que es bien sabido que son determinantes críticos en la adquisición de nuevas lenguas.

En definitiva, hemos visto que las palabras cognadas se adquieren y utilizan frecuentemente de manera más sencilla y menos costosa que las palabras no cognadas, y que esto ocurre por las variaciones que ocurren en el proceso de aprendizaje de una nueva lengua en el tipo de conexiones que establecemos entre las palabras del léxico nuevo y el léxico de nuestra lengua materna. Como *respond* se parece mucho a *responder*, palabra para la que ya tenemos una ruta directa establecida con su significado, los aprendices reaccionan de manera mucho más eficiente ante esas palabras que ante palabras no cognadas, y parecen preferir el uso de este tipo de traducciones en lugar de otras no cognadas como *reply* durante las primeras etapas del aprendizaje. Así, cuando los equivalentes por traducción entre dos lenguas son palabras cognadas, estas muestran una ventaja en su procesamiento. Como decíamos, esta ventaja es mucho más marcada en etapas tempranas del desarrollo competencial en la lengua, pudiendo incluso llegarse a utilizar como herramienta de evaluación y pronóstico durante el proceso de aprendizaje de lenguas no nativas.

BIBLIOGRAFÍA

Boada, R. y otros. (2013). "Effect of multiple translations and cognate status on translation recognition performance of balanced bilinguals". *Bilingualism: Language and Cognition*, 16(01): 183-197.

Bultena, S.; Dijkstra, T. y van Hell, J. G. (2014). "Cognate effects in sentence con- text depend on word class, L2 proficiency, and task". *Quarterly Journal of Experimental Psychology (Hove)* 67: 1214–1241.

Casaponsa, A.; Antón, E.; Pérez, A. y Duñabeitia, J.A. (2015). "Foreign language comprehension achievement: insights from the cognate facilitation effect". *Frontiers in Psychology*, 6: 588.

Costa, A.; Caramazza, A. y Sebastian-Galles, N. (2000). "The cognate facilitation effect: implications for models of lexical access". *Journal of Experimental Psychology: Learning, Memory, and Cognition, 26*(5): 1283.

Dijkstra, T.; Grainger, J. y Van Heuven, W. J. (1999). "Recognition of cognates and interlingual homographs: The neglected role of phonology". *Journal of Memory and language, 41* (4): 496-518.

Dijkstra, T. y Van Heuven, W. J. (1998). "The BIA model and bilingual word recognition". *Localist connectionist approaches to human cognition*: 189-225.

Dijkstra, T. y Van Heuven, W. J. (2002). "The architecture of the bilingual word recognition system: From identification to decision". *Bilingualism: Language and cognition, 5* (03): 175-197.

Dimitropoulou, M.; Duñabeitia, J.A. y Carreiras, M. (2011). "Transliteration and transcription effects in bi-scriptal readers: The case of Greeklish". *Psychonomic Bulletin & Review*, 18(4): 729-735.

Duñabeitia, J. A. y otros. (2010). "Electrophysiological correlates of the masked translation priming effect with highly proficient simultaneous bilinguals". *Brain research, 1359*: 142-154.

Duñabeitia, J. A.; Ivaz, L. y Casaponsa, A. (2016). "Developmental changes associated with cross-language similarity in bilingual children". *Journal of Cognitive Psychology*, 28(1): 16-31.

Duñabeitia, J.A.; Dimitropoulou, M.; Morris, J. y Diependaele, K. (2013). "The role of form in morphological priming: Evidence from bilinguals". *Language and Cognitive Processes, 28* (7): 967-987.

De Groot, A. M. (1992). "Bilingual lexical representation: A closer look at conceptual representations". *Advances in psychology*, 94: 389-412.

De Groot, A. M.; Borgwaldt, S.; Bos, M. y Van den Eijnden, E. (2002). "Lexical decision and word naming in bilinguals: Language effects and task effects". *Journal of Memory and Language, 47* (1): 91-124.

Grainger J.; Midgley K. y Holcomb P. J. (2010). "Re-thinking the bilin- gual interactive-activation model from a developmental perspective (BIA- d)," in *Language Acquisition Across Linguistic and Cognitive Systems*, eds. M. Kail y M. Hickmann (Nueva York: John Benjamins): 267–284.

Groot, A.; Dannenburg, L. y Van Hell, J. G. (1994). "Forward and backward word translation by bilinguals". *Journal of memory and language, 33*(5): 600.

Lemhöfer, K. y Dijkstra, T. (2004). "Recognizing cognates and interlingual homographs: Effects of code similarity in language-specific and generalized lexical decision". *Memory & Cognition, 32*(4): 533-550.

Levenshtein, V.I. (1965). "Binary Codes Capable of Correcting Deletions, Insertions, and Reversals". *Soviet Physics Doklady, 10*: 707–710.

Midgley, K. J.; Holcomb, P. J. y Grainger, J. (2011). "Effects of cognate status on word comprehension in second language learners: An ERP investigation". *Journal of Cognitive Neuroscience*, *23*(7): 1634-1647.

Peeters, D.; Dijkstra, T. y Grainger, J. (2013). "The representation and processing of identical cognates by late bilinguals: RT and ERP effects". *Journal of Memory and Language, 68* (4): 315-332.

Schepens, J.; Dijkstra, T. y Grootjen, F. (2011). "Distributions of cognates in Europe as based on Levenshtein distance". Bilingualism: Language and Cognition, 15, 157-166. Schwartz, A. I., Kroll, J. F. y Diaz, M. (2007). "Reading words in Spanish and English: Mapping orthography to phonology in two languages". *Language and Cognitive Processes, 22* (1): 106-129.

Van Heuven, W. J.; Dijkstra, T. y Grainger, J. (1998). "Orthographic neighborhood effects in bilingual word recognition". *Journal of memory and language, 39* (3): 458-483.

Voga, M. y Grainger, J. (2007). "Cognate status and cross-script translation priming". *Memory & Cognition, 35*: 938-952.

Agradecimientos y financiación: Algunos de los estudios reportados en este artículo han sido financiados gracias a la ayuda de los proyectos PSI2015-65689-P y SEV-2015-0490 otorgados por el Gobierno de España y AThEME-613465 de la Unión Europea. Además, parte de las acciones de investigación citadas han sido apoyadas con financiación proveniente de una ayuda concedida al primer autor por la Fundación BBVA en su convocatoria de 2016 para Investigadores y Creadores Culturales. Los autores agradecen expresamente la colaboración y ayuda recibida por parte del alumnado, profesorado y gestores de las Escuelas Oficiales de Idiomas de Donostia – San Sebastián y de Santander.

10

LOS CORPUS COMO HERRAMIENTAS DE APRENDIZAJE DEL LÉXICO

Kris Buyse
University of Leuven

1. INTRODUCCIÓN

En las últimas décadas el ordenador ha ido imponiéndose como un utensilio cada vez más indispensable para la labor lexicográfica dentro y fuera del aula, no solo para recolectar datos representativos de la lengua actual, sino también para ofrecerles a los estudiantes mayores posibilidades para aprender a través de la práctica, trabajando el vocabulario en contextos representativos y variados proporcionados por la web.

No obstante, cuando a los estudiantes, todos en mayor o menor medida adeptos a la digitalización, se les presentan los resultados de una traducción automática de una página web, les sorprende y desanima que su amigo el ordenador tropiece con unos problemas idénticos a los que les provocan a ellos mismos las dimensiones sintagmática y paradigmática de la lengua: traduce *bachelor/master* por *soltero/maestro*, *clicking* por *chascando* y *home* por *casero* (palabras polisémicas; casi-sinónimos); las combinaciones *Spanish in pictures* y *educational council* dan *español en cuadros* y *consejo educativo*, respectivamente. De ahí que, por razones pedagógicas, la lexicografía deba aprovechar las posibilidades que le ofrece la era digital para sacarle partido al léxico de tal manera que el aprendiz encuentre un máximo de componentes que le ayuden a evitar precisamente los escollos paradigmáticos y sintagmáticos.

Asimismo, conviene tener presente que muchos de los errores típicos se explican por la influencia de otras lenguas. Esto se ve reflejado especialmente en la pronunciación y la ortografía (*farmacia* vs fr. *pharmacie* [far-ma-'si]), la estructura actancial (preposición fija, transitividad ...: fr. *se souvenir de* X = esp. *recordar algo / acordarse de algo*, no **recordarse de algo*), las combinaciones frecuentes y significativas o colocaciones (esp. *hacer preguntas* = fr. *poser des questions*) y la selección de registro, ámbito... (esp. *hola, guapo*: popular, pero sin segundas intenciones).

Además, tanto en el proceso de enseñanza como en el de aprendizaje (los dos influyéndose negativamente), se tiende a disociar el léxico de la gramática y los demás componentes de la lengua, a pesar de toda la labor de los defensores del enfoque léxico, que suelen hablar del vocabulario como si fuera un esqueleto y de la gramática como si fuera el conjunto de músculos de la lengua. O, como lo formulan Stubbs, Sinclair y Lewis, tres investigadores conocidos por su atención hacia las combinaciones de palabras (las colocaciones, la fraseología, etc.): el léxico otorga el significado mientras que la gramática lo organiza. Es de esta corriente de donde viene también la idea de acercar ambos componentes en vez de tratarlos, presentarlos y practicarlos como dos elementos totalmente separados. Por eso preferimos hablar de "gramática léxica" (*lexical grammar*), un término que pone énfasis en las relaciones entre ambos componentes. Además, varios aspectos de la lengua se sitúan en la frontera entre los dos componentes, como las preposiciones fijas y el uso de *ser* y *estar*.

Finalmente, existe entre muchos alumnos una percepción negativa de la gramática y el vocabulario, basada parcialmente en la asociación con ejercicios repetitivos, explicaciones aburridas, falta de autenticidad y de relevancia comunicativa. En otros términos, como el alumno tiende a aprender (es decir: leer, escribir, escuchar, hablar, estudiar...) palabra por palabra, y muchas veces traduciéndolas desde o hacia su L1 y sus LE, abogamos por presentar los componentes de manera combinada, contextualizada, relevante y variada; dicho de otro modo: de manera pedagógica, didáctica o cognitiva (por eso existe también un tipo de gramática que se llama "gramática didáctica o pedagógica", es decir, una gramática basada en el significado de las formas y su uso en la comunicación). Para ello, enseñamos a los alumnos a pedir ayuda a los "siete expertos" (que en los 90 solamente eran cuatro y no sabemos cuántos llegarán a ser). Se trata de los diccionarios, las gramáticas, el verificador ortográfico, el profesor, el nativo, la L1 y... los corpus –véase Buyse (2014 y 2016) para obtener información de cuando los "expertos" eran menos–.

2. DEFINICIÓN

Los "expertos" que más reticencia provocan entre los profesores son los corpus: los conjuntos de textos informatizados producidos en situaciones reales, que se han seleccionado siguiendo una serie de criterios lingüísticos explícitos que garantizan que un corpus pueda ser usado como muestra representativa de la lengua.

El término *corpus* inspira miedo porque se asocia con expertos, a pesar de que existe toda una gama de corpus que son fáciles de manejar y que, según Pérez-Ávila (2007: 11), ofrecen grandes ventajas a alumnos y profesores. Para el alumno, el corpus constituye (1) una base sólida para elegir las estructuras lingüísticas más frecuentes en las producciones reales de los hablantes nativos de una lengua; (2) una herramienta que le otorga la autonomía de elegir por sí mismo qué aprender, cómo aprenderlo y en qué orden; (3) un instrumento para encontrar respuestas a una tipología muy variada de dudas concretas y de profundizar en ellas por medio del acceso a amplios contextos reales. Para el profesor (nativo o no), el corpus permite, además de lo anterior, (1) basarse no exclusivamente en su intuición y en ejemplos elaborados *ad hoc*, sino en una fuente amplia y fiable de recursos lingüísticos; y (2) seleccionar un *input* suficiente y de calidad al que enfrentar a sus alumnos de forma que tenga lugar el *intake*, es decir, la adquisición de cualquier tipo de contenido.

Existen diferentes tipos de corpus (Buyse, 2011). Atendiendo a fines didácticos, los más importantes son los siguientes:

CORPUS PROPIOS

- Corpus de español general o para fines específicos: económicos, médicos, jurídicos, etc. (véanse ejemplos en Buyse, 2010).
- Un caso especial: "corpus de aprendices" –*learner corpus*– (puede verse un ejemplo en Buyse, 2016).

CORPUS QUE SE PUEDEN ADQUIRIR (hay toda una lista, por ejemplo, en http://www.elda.org/) o buscadores con corpus que se pueden adquirir, como Sketchengine (http://sketchengine.co.uk/).

CORPUS DE ACCESO LIBRE DISPONIBLES EN INTERNET

- Google: www.google.es
- Webcorp: http://www.webcorp.org.uk/
- Wortschatz: http://wortschatz.uni-leipzig.de
- Corpus de Referencia del Español Actual (CREA): http://www.rae.es, http://corpus.rae.es/creanet.html; CORPES XXI (versión beta del nuevo Corpus del Español del Siglo XXI): http://www.rae.es/recursos/banco-de-datos/corpes-xxi
- Corpus SOL - Spanish Online: http://spraakbanken.gu.se/konk/rom2/
- Corpus del Español: www.corpusdelespanol.org
- Corpus paralelos (p.ej.: UE, NNUU)

COMBINACIONES DE DICCIONARIOS Y CORPUS, como Linguee, bab.la, Glosbe, Reverso...: http://www.linguee.com/, http://es.bab.la/, https://es.glosbe.com/, http://www.reverso.net.

En este capítulo explicaremos brevemente cómo todo profesor puede recurrir fácilmente a varios de estos corpus para capacitar a los alumnos para salvar los escollos descritos en la introducción. Al tratarse de herramientas en constante evolución, existen bastantes diferencias con las descripciones anteriores en Buyse (2011 y 2013).

3. GOOGLE, MÁS ALLÁ DE LA BARRA DE DIRECCIONES

El corpus más conocido es el que ofrece el buscador Google (www.google.es). A pesar de su uso frecuente, constatamos que no suelen agotarse las posibilidades del instrumento: la mayoría de los usuarios conocen las comillas (" ") para buscar una combinación de palabras (hasta colocaciones lingüísticas), pero otras herramientas para limitar y filtrar los resultados de la búsqueda son menos conocidas, como añadir "site:" seguida del dominio de un país para limitar la búsqueda en términos geográficos (p.ej.: corpus site:es), el uso de operadores como "and" (para buscar contextos donde aparezcan al mismo tiempo las palabras a la izquierda y a la derecha del operador) y "no" (para excluir contextos donde aparezcan las palabras a la derecha del operador). Aún menos aprovechadas son las "Búsquedas avanzadas" de Google, de modo que no siempre se aprovechan los parámetros de "Idioma", "Región", "Dominio" (que equivale a añadir "site:"), "Formato", "Fecha", "Con todas las palabras" (equivale a "and"), "Sin las palabras" (equivale a "no"), "Con la frase exacta" (equivale a las comillas), además del uso de signos como "-" (equivale a "no". P. ej.: *presidente -gobierno* solo devolverá casos de *presidente* sin *gobierno*) o "~" (para buscar palabras afines. P. ej.: *información ~alimentaria* incluye los resultados de *información nutricional*).

Operadores y más ayuda relacionada con las búsquedas

Si no encuentras lo que estás buscando después de consultar nuestras sugerencias básicas sobre las búsquedas, prueba a utilizar un **operador de búsqueda**. Añade uno de estos símbolos a tu consulta en el cuadro de búsqueda de Google para obtener un mayor control sobre los resultados. Si no quieres memorizar todos estos operadores, en la página de búsqueda avanzada puedes realizar muchas de estas búsquedas.

Buscar una palabra o una frase exactas *"consulta de búsqueda"*	Utiliza comillas para buscar una palabra o un conjunto de palabras exactas. Esta opción resulta útil si buscas la letra de una canción o una cita de una obra literaria. `[ "chiquitita dime por qué" ]` ***Sugerencia:*** utiliza solo las comillas si estás buscando una palabra o una frase muy concreta, ya que podrían excluir resultados útiles por error.
Excluir una palabra *-consulta*	Añade un guión (-) delante de una palabra para excluir todos los resultados que incluyan dicha palabra. Esto resulta especialmente útil en el caso de sinónimos como Jaguar la marca de coche y jaguar el animal. `[ jaguar velocidad -coche ] o [ pandas -site:wikipedia.org ]` ***Sugerencia:*** también puedes excluir resultados con otros operadores (por ejemplo, puedes excluir todos los resultados de un sitio en particular).
Incluir palabras similares *~consulta*	Normalmente, algunas palabras de la consulta original se pueden sustituir por sinónimos. Añade el signo de tilde (~) inmediatamente delante de una palabra para buscar esa palabra y otros sinónimos. `[ información ~alimentaria ] incluye los resultados de "información nutricional".`

Incluir palabras similares *~consulta*	Normalmente, algunas palabras de la consulta original se pueden sustituir por sinónimos. Añade el signo de tilde (~) inmediatamente delante de una palabra para buscar esa palabra y otros sinónimos. `[ información ~alimentaria ] incluye los resultados de "información nutricional".`

Limitar la búsqueda a un sitio o dominio
site: consulta
	El operador "site:" permite buscar información en un mismo sitio web como, por ejemplo, todas las veces que se menciona la palabra "Olimpiadas" en el sitio web de The New York Times.
	`[ Olimpiadas site:nytimes.com ]`
	Sugerencia: también puedes buscar en un determinado dominio de nivel superior como .org, .edu o en un dominio de nivel superior de país como .es o .de.
	`[ Olimpiadas site:.es ]`

Incluir un comodín *consulta * consulta*	Utiliza un asterisco (*) en una consulta como marcador de posición para cualquier término "comodín" desconocido. Combínalo con el uso de comillas para buscar variaciones de esta frase exacta o para recordar palabras en medio de una frase. `[ "quien siembra * recoge *" ]`

Buscar al menos una de las palabras de la consulta
consulta OR consulta
	Si quieres buscar páginas que incluyan al menos una de varias palabras, incluye OR (en mayúsculas) entre las palabras. Si no incluyes este operador, los resultados suelen mostrar únicamente páginas que coincidan con *ambos* términos.
	`[ sede olimpiadas 2014 OR 2018 ]`
	Sugerencia: incluye frases entre comillas para buscar al menos una de varias frases.
	`[ "copa del mundo 2014" OR "olimpiadas 2014" ]`

Buscar un intervalo de números
número..número
	Separa números con dos puntos (sin espacios) para obtener resultados que contengan los números incluidos en un intervalo determinado de cosas como fechas, precios y medidas.
	`[ cámara 50..100 euros]`
	Sugerencia: utiliza solo un número con dos puntos para indicar un límite superior o un límite inferior.
	`[ ganadores copa del mundo ..2000 ]`

Figuras 1 y 2. Posibilidades avanzadas de Google.

No obstante, frente a la gran cantidad de textos, la rapidez y la constante actualización, Google es relativamente pobre en comparación con otras herramientas, entre otras razones porque:

1. No hay selección por expertos: se busca en todo lo que se encuentra en internet, incluyendo textos de no nativos, textos poco cuidados de nativos, etc.; la cantidad de textos es alta, la calidad mediocre, la actualización rápida.
2. Se trata de un corpus no lematizado (si buscas *trabajar*, el sistema sólo devolverá

ocurrencias de *trabajar*, pero no de todas las demás formas del verbo, como *trabajo*, *trabajé*, etc.).

3. No hay *POS tagging* (*Parts Of Speech*, es decir: categorías gramaticales): por ejemplo, el sistema no establece ninguna diferencia entre la forma verbal y la forma sustantiva *duda*).
4. No se toman en cuenta las mayúsculas, ni la puntuación (por ejemplo, no puedes comprobar si *Para seguir,* se puede emplear como conector aditivo, porque no se toma en cuenta la coma), pero sí los acentos (*está* frente a *esta*).
5. No se puede limitar la búsqueda a ciertas áreas temáticas (medicina, por ejemplo), tampoco a ciertos tipos de textos (como orales, académicos, etc.), pero sí a ciertas áreas geográficas (países).

4. WEBCORP, "THE WEB AS CORPUS"

Una herramienta que permite paliar algunas de las desventajas de Google –y que por lo tanto se puede proponer a los alumnos como alternativa recomendable– es Webcorp (http://www.webcorp.org.uk/), de la que es posible sacar concordancias (líneas de texto en las que figuran la palabra o palabras buscadas). Por ejemplo, si buscamos el verbo o los verbos que entran en una colocación con *desahucios*, rellenamos un formulario (fig. 3) y aparecerán gradualmente una serie de concordancias (fig. 4).

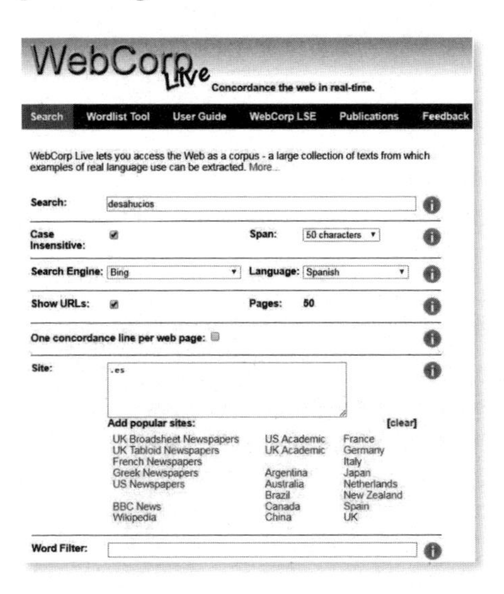

Fig. 3. Búsqueda con Webcorp.

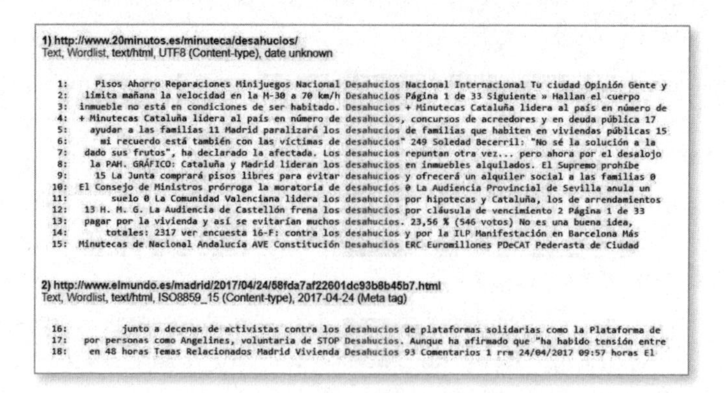

Fig. 4. Parte de las concordancias extraídas de Webcorp.

Además, las *post search options* (fig. 5) ofrecen la posibilidad de, entre otras cosas, quitar las URL y *stopwords* (es decir, palabras muy frecuentes, como *de*, *el*, etc.), pedir una tabla con las combinaciones más frecuentes y, sobre todo, volver a ordenar alfabéticamente las concordancias según la primera, segunda, tercera o cuarta palabra a la izquierda o a la derecha del término buscado, lo que permite encontrar los verbos, adjetivos o sustantivos que se combinan con él.

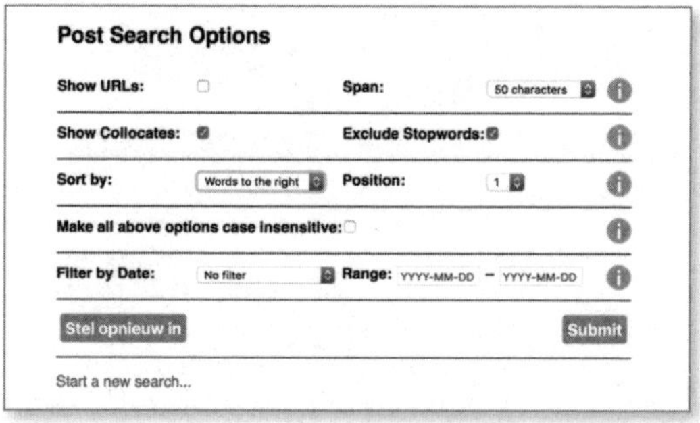

Post Search Options

Show URLs: ☐ Span: 50 characters

Show Collocates: ☑ Exclude Stopwords: ☑

Sort by: Words to the right Position: 1

Make all above options case insensitive: ☐

Filter by Date: No filter Range: YYYY-MM-DD – YYYY-MM-DD

Stel opnieuw in Submit

Start a new search...

Fig. 5. *Post search options* de Webcorp.

En el caso de *desahucios*, por ejemplo, encontramos verbos como *producir*, *practicar*... (fig. 6), y la tabla (fig. 7) nos devuelve palabras como *stop*, *Madrid*, *ejecuciones*, *vivienda*, *alquiler*.

252: y confirman la tendencia de que son más los desahucios por alquiler que por hipoteca», advertía ayer la
43: estoy radicalmente en contra ni a favor de los desahucios porque no todas las situaciones son iguales. Por
70: El número total de lanzamientos hipotecarios o desahucios practicados en 2016 fue de 63.037, un 6,4% menos
85: 09/03/2016 15:35h ATLAS ESPAÑA Comentar Los desahucios practicados en 2015 descienden un 1,1%, hasta
89: desahucios caen un 1,8% entre abril y junio Los desahucios practicados sobre inmuebles durante el segundo
98: marzo de este año, el número de lanzamientos y desahucios practicados -que afectan a distintos tipos de
68: gran desconocida de las hipotecas Muchos de los desahucios producidos en los últimos años están provocados
58: Local de Valencia no prestará servicio en los desahucios que se vayan a ejecutar en la ciudad, como
113: iviendas...), y además no todas las peticiones de desahucios que se piden a los jueces fructifican. No solo

Fig. 6. Concordancias reordenadas de Webcorp.

Collocates

Word	L4	L3	L2	L1	R1	R2	R3	R4	Total
que	4	9	2	0	6	8	2	5	36
se	4	4	1	0	6	3	6	2	26
Stop	2	0	0	16	0	1	0	0	19
una	7	1	0	0	1	1	1	4	15
contra	2	0	13	0	0	0	0	0	15
Madrid	2	1	1	2	1	2	1	3	13
número	1	1	10	0	0	0	0	1	13
ha	4	1	1	0	0	5	0	1	12
más	1	3	1	3	1	0	2	1	12
son	0	2	0	1	1	1	3	0	8
Google	3	1	3	0	0	0	0	1	8
han	1	4	1	0	0	0	1	0	7
ejecuciones	0	6	1	0	0	0	0	0	7
vivienda	1	0	0	0	0	3	1	2	7
España	2	0	0	0	0	4	1	0	7
Noticias	0	0	0	0	6	1	0	0	7
evitar	0	0	1	4	0	0	0	2	7
Tags	0	5	0	1	1	0	0	0	7
alquiler	2	0	1	0	0	1	0	2	6
Vivienda	1	1	0	2	1	1	0	0	6

Fig. 7. Tabla de *collocates* de Webcorp.

5. WORTSCHATZ, UN "TESORO DE LA LENGUA"

Otras desventajas de Google, como la que tiene que ver con la calidad de los textos, se pueden evitar recurriendo a pequeños corpus fácilmente manejables como los de Wortschatz de la Universidad de Leipzig (http://wortschatz.uni-leipzig.de): selecciona "Corpora", luego "Spanish" (1) selección de textos de España del 2011 o (2) de México, busca, por ejemplo, *matrimonio*, con el objetivo de encontrar el verbo con el que se suele emplear. A continuación, el sistema devuelve una página con el número de ocurrencias, un grado de frecuencia, unos ejemplos contextualizados, las formas coocurrentes a la izquierda y a la derecha, ambas en orden de frecuencia decreciente (fig. 8). Además, para los usuarios que tengan un estilo de aprendizaje más bien visual, se ofrece una visualización gráfica (mapa semántico) con las palabras coocurrentes más frecuentes (fig. 9).

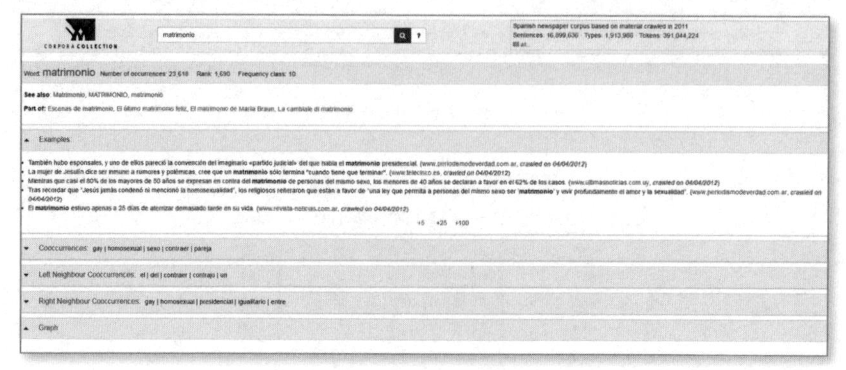

Fig 8. Ejemplo de una búsqueda en el corpus español de Wortschatz.

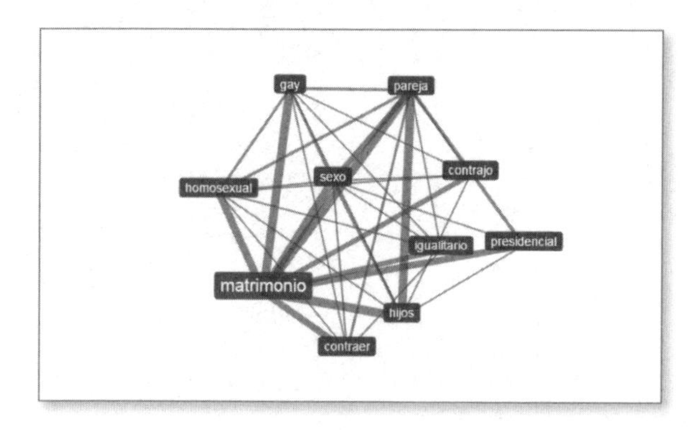

Fig. 9. Ejemplo de un mapa mental sacado de Wortschatz.

Por otro lado, nos permite constatar que se trata de un corpus no lematizado, puesto que se listan aparte las formas *contraer*, *contrajo*, *contraen*, etc. Tampoco se puede limitar a ni comparar entre varias áreas geográficas, ámbitos temáticos o géneros textuales.

6. LA REAL ACADEMIA: DEL CREA Y EL CORDE AL CORPES XXI

Para paliar ciertas deficiencias como la cantidad limitada de textos y la falta de comparación de géneros, ámbitos y países, hace falta buscar en corpus más grandes, por ejemplo, el CREA de la Real Academia Española (http://corpus.rae.es/creanet.html;

también hay una colección de textos diacrónicos, denominada CORDE). En la primera pantalla de búsqueda se pueden elegir géneros ("Medio"), países ("Geográfico") y ámbitos ("Tema") y hasta el año de publicación (fig. 10).

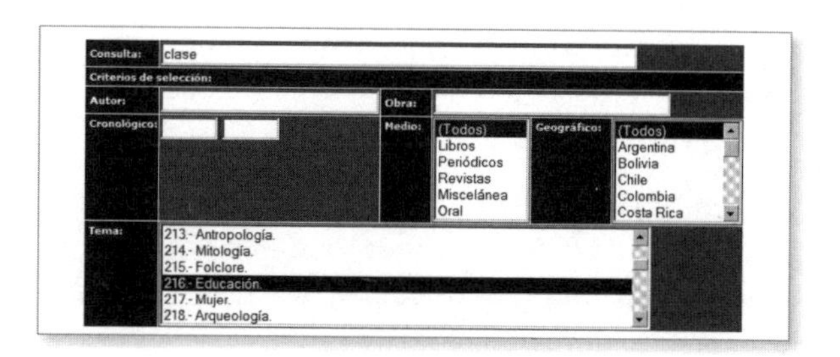

Fig. 10. Búsqueda en el CREA.

Sin embargo, el CREA nunca ha llegado a disponer de las anunciadas etiquetas de lema o de POS. Por ello, recientemente la RAE ha lanzado la versión beta de su nuevo corpus, el CORPES XXI, cuya consulta en línea permite obtener ejemplos de uso de los lemas y formas contenidos en él, ver los datos estadísticos más relevantes, comprobar las agrupaciones más frecuentes de una palabra (coapariciones), obtener la concordancia de palabras cuando aparecen en proximidad, así como clasificar y filtrar los resultados de la consulta mediante diversos criterios (fig. 11).

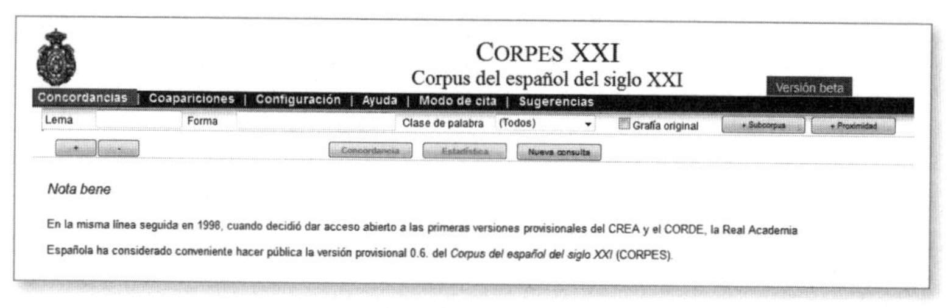

Fig. 11. Búsqueda en el CORPES XXI.

Cuando esté listo, este corpus constará de textos de todos los tipos y todos los países con un volumen de veinticinco millones de formas por año. Se concibe como un corpus semi-abierto, un corpus que se irá incrementando en los próximos años con las cantidades previstas. El CORPES XXI combina lengua escrita y oral (10 %). Los materiales escritos proceden de libros, publicaciones periódicas, material de internet y miscelánea. El 70 % son actualmente textos americanos; el 30 % restante, textos españoles. Y, por primera vez, se presta atención a zonas olvidadas como Guinea Ecuatorial y Filipinas.

Dos grandes bloques temáticos, ficción y no ficción, se distribuyen en diferentes áreas: ciencias y tecnología, ciencias sociales, creencias y pensamiento, política, economía, comercio y finanzas, artes, ocio, vida cotidiana, salud, novela, teatro, relatos y guiones. Los géneros textuales son: novela, cuento, teatro y guiones para los textos de ficción; noticias, reportajes y opinión para periódicos y revistas; prosa académica y no académica; entrevistas, conversaciones, etc. para orales; texto escrito para ser leído (noticias de radio o televisión), etc.

La consulta de "Lema" recupera todos los ejemplos de la palabra, de modo que, si se escribe en esta casilla la forma canónica de una palabra, se obtendrán los ejemplos de todas sus variantes (morfológicas, flexivas y gráficas). La búsqueda de una determinada variante debe hacerse en la casilla "Forma", mientras que "Lema + Forma" refiere a la combinación de ambas casillas y permite obtener ejemplos de una forma concreta perteneciente a un lema determinado (fig. 12).

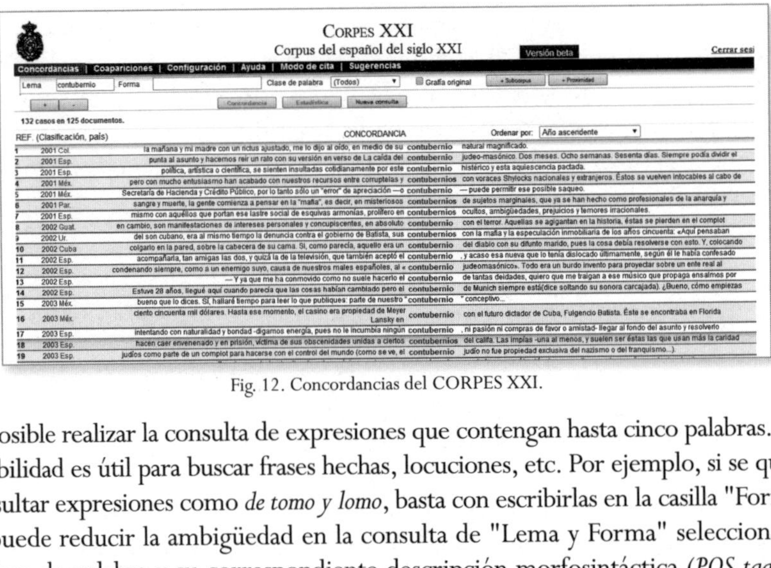
CORPES XXI
Corpus del español del siglo XXI
Versión beta
Cerrar sesi
Concordancias | Coapariciones | Configuración | Ayuda | Modo de cita | Sugerencias
Lema contubernio Forma
Clase de palabra (Todos)
Grafía original
Nueva consulta
132 casos en 125 documentos.
REF. (Clasificación, país)
CONCORDANCIA
Ordenar por: Año ascendente
1 2001 Col. la mañana y mi madre con un rictus ajustado, me lo dijo al oído, en medio de su contubernio natural magnificado.
2 2001 Esp. punta al asunto y hacemos reír un rato con su versión en verso de La caída del contubernio judeo-masónico. Dos meses. Ocho semanas. Sesenta días. Siempre podía dividir el
3 2001 Esp. política, artística o científica, se sienten insultadas cotidianamente por este contubernio histérico y esta aquiescencia pactada.
4 2001 Méx. pero con mucho entusiasmo han acabado con nuestros recursos entre corruptelas y contubernios con voraces Shylocks nacionales y extranjeros. Éstos se vuelven intocables al cabo de
5 2001 Méx. Secretaría de Hacienda y Crédito Público, por lo tanto sólo un "error" de apreciación —o contubernio — puede permitir ese posible saqueo.
6 2001 Par. sangre y muerte, la gente comienza a pensar en la "mafia", es decir, en misteriosos contubernios de sujetos marginales, que ya se han hecho como profesionales de la anarquía y
7 2001 Esp. mismo con aquéllos que portan ese lastre social de esquivas armonías, prolífero en contubernios ocultos, ambigüedades, prejuicios y temores irracionales.
8 2002 Guat. en cambio, son manifestaciones de intereses personales y concupiscentes, en absoluto contubernio con el terror. Aquellas se agigantan en la historia, éstas se pierden en el complot
9 2002 Ur. del son cubano, era al mismo tiempo la denuncia contra el gobierno de Batista, sus contubernios con la mafia y la especulación inmobiliaria de los años cincuenta: «Aquí pensaban
10 2002 Cuba colgarlo en la pared, sobre la cabecera de su cama. Si, como parecía, aquello era un contubernio del diablo con su difunto marido, pues la cosa debía resolverse con esto. Y, colocando
11 2002 Esp. acompañarla, tan amigas las dos, y quizá la de la televisión, que también aceptó el contubernio , y acaso esa nueva que lo tenía dislocado últimamente, según él le había confesado
12 2002 Esp. condenando siempre, como a un enemigo suyo, causa de nuestros males españoles, al « contubernio judeomasónico». Todo era un burdo invento para proyectar sobre un ente real al
13 2002 Esp. —Y ya que me ha conmovido como no suele hacerlo el contubernio de tantas deidades, quiero que me traigan a ese músico que propaga ensalmos por
14 2002 Esp. Estuve 28 años, llegué aquí cuando parecía que las cosas habían cambiado pero el contubernio de Munich siempre está(dice soltando su sonora carcajada). ¿Bueno, cómo empiezas
15 2003 Méx. bueno que lo dices. Sí, hallaré tiempo para leer lo que publiques: parte de nuestro " contubernio " conceptivo...
16 2003 Méx. ciento cincuenta mil dólares. Hasta ese momento, el casino era propiedad de Meyer Lansky en contubernio con el futuro dictador de Cuba, Fulgencio Batista. Éste se encontraba en Florida
17 2003 Esp. intentando con naturalidad y bondad -digamos energía, pues no le incumbía ningún contubernio , ni pasión ni compras de favor o amistad- llegar al fondo del asunto y resolverlo
18 2003 Esp. hacen caer envenenado y en prisión, víctima de sus obscenidades unidas a ciertos contubernios del califa. Las impías -una al menos, y suelen ser éstas las que usan más la caridad
19 2003 Esp. judíos como parte de un complot para hacerse con el control del mundo (como se ve, el contubernio judío no fue propiedad exclusiva del nazismo o del franquismo...).

Fig. 12. Concordancias del CORPES XXI.

Es posible realizar la consulta de expresiones que contengan hasta cinco palabras. Esta posibilidad es útil para buscar frases hechas, locuciones, etc. Por ejemplo, si se quiere consultar expresiones como *de tomo y lomo*, basta con escribirlas en la casilla "Forma". Se puede reducir la ambigüedad en la consulta de "Lema y Forma" seleccionando la clase de palabra y su correspondiente descripción morfosintáctica (*POS tagging*, cf. supra). Para ello, basta con seleccionar una clase de palabra y su flexión en el desplegable denominado Clase de palabra. El submenú "Proximidad" permite consultar ejemplos de hasta cuatro lemas o formas que ocupan posiciones cercanas. En el menú "Coapariciones" se pueden buscar combinaciones de palabras (fig. 13).

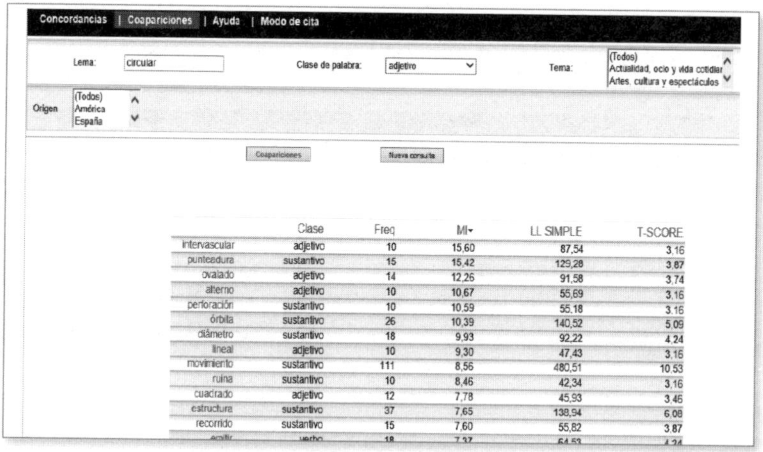

Concordancias | Coapariciones | Ayuda | Modo de cita

Lema: circular
Clase de palabra: adjetivo
Tema: (Todos) Actualidad, ocio y vida cotidiar Artes, cultura y espectáculos
Origen (Todos) América España

Coapariciones   Nueva consulta

	Clase	Freq	MI	LL SIMPLE	T-SCORE
intervascular	adjetivo	10	15,60	87,54	3,16
punteadura	sustantivo	15	15,42	129,28	3,87
ovalado	adjetivo	14	12,26	91,58	3,74
alterno	adjetivo	10	10,67	55,69	3,16
perforación	sustantivo	10	10,59	55.18	3.16
órbita	sustantivo	26	10,39	140,52	5,09
diámetro	sustantivo	18	9,93	92,22	4,24
lineal	adjetivo	10	9,30	47,43	3,16
movimiento	sustantivo	111	8,56	480,51	10,53
ruina	sustantivo	10	8,46	42,34	3,16
cuadrado	adjetivo	12	7,78	45,93	3,46
estructura	sustantivo	37	7,65	138,94	6,08
recorrido	sustantivo	15	7,60	55,82	3,87
emitir	verbo	18	7,37	64,53	4,24

Fig. 13. Coapariciones del CORPES XXI.

7. "EL" CORPUS DEL ESPAÑOL, SIN MÁS

Por otra parte, un corpus que está lematizado desde hace mucho tiempo y que también ofrece otras posibilidades es el Corpus del Español, de Mark Davies (www.corpusdelespanol.org). Es imposible describir todas las posibilidades aquí, pero, para tener una idea, basta mirar los ejemplos en las secciones de "Ayuda". Entre ellas, destacamos las siguientes: se pueden buscar palabras exactas o "formas", lemas, colocaciones y hasta frases enteras, pero también se puede buscar por etiquetas semánticas (p.ej.: limpio) o categorías gramaticales y, además, se puede filtrar por períodos y/o géneros textuales. He aquí algunos ejemplos de búsquedas: "los adjetivos que aparezcan cerca de mujer" (definido en un máximo de N palabras a la derecha y/o a la izquierda) en textos académicos y orales"; "los verbos que comiencen con "des*" frente a los que empiezan por "in*""; "las formas de "hacer" en el siglo XIII frente al siglo XX"; "los adjetivos que acompañen al lema "mujer" frente a los que vayan con "hombre""; "los sustantivos que más frecuentemente ocurran con "limpio" frente a los que vayan con "puro""; "sinónimos o antónimos de "limpio"".

Además, desde finales del 2016 existe una nueva interfaz con que el autor responde a las críticas con respecto a la facilidad de uso y a la atención a las variantes del español: como se puede apreciar en la fig. 14, el corpus tiene una nueva interfaz ("New interface") y contiene ahora dos subcorpus: el antiguo, con textos y diferentes géneros desde el siglo XIII, y otro nuevo que contiene textos actuales divididos por área del mundo español y que permite también crear tus propios corpus virtuales.

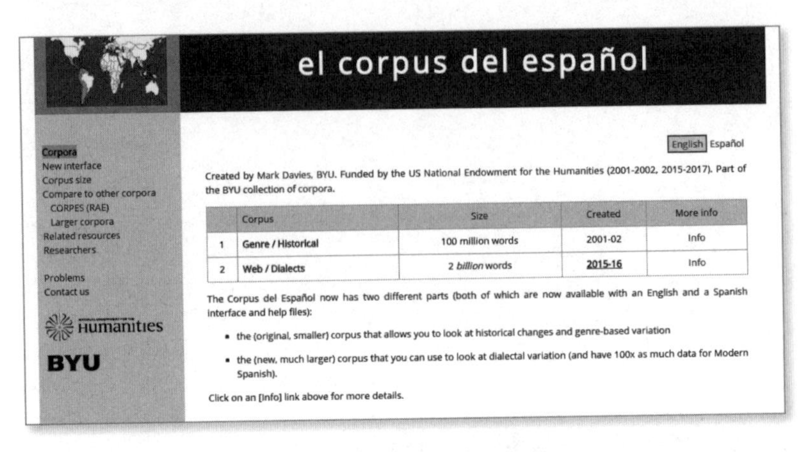

Fig. 14. Subcorpus del Corpus del Español.

Por ejemplo, si queremos descubrir cuáles son las palabras (y sus categorías gramaticales) coocurrentes del lema *desahucio*, introducimos este sustantivo (en mayúsculas, mientras que las formas en este corpus se introducen en minúsculas) como en la fig. 15, seleccionamos "PCEC" (Palabras clave en contexto o "KWIC" *KeyWords in Context*).

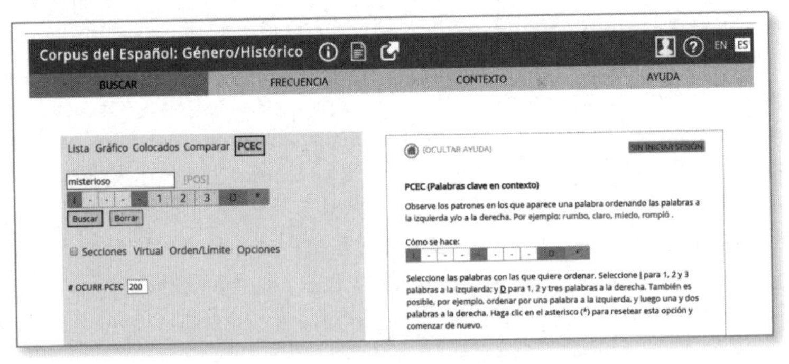

Fig. 15. Búsqueda: Palabras clave en contexto (PCEC).

En la pantalla de resultados (fig. 16) se observan inmediatamente cuáles son los sustantivos (en azul), adjetivos (en verde), verbos (en púrpura) y preposiciones (en gris) que coocurren a la izquierda y a la derecha de *desahucio*.

Fig. 16. Resultados: Palabras clave en contexto (PCEC).

Para saber cuáles son los adjetivos más frecuentes al lado de *desahucio*, hacemos clic en "Colocados", seleccionamos "Adjetivos" y "Primera posición a la derecha" (fig. 17), y los resultados aparecerán en orden decreciente de frecuencia (fig. 18).

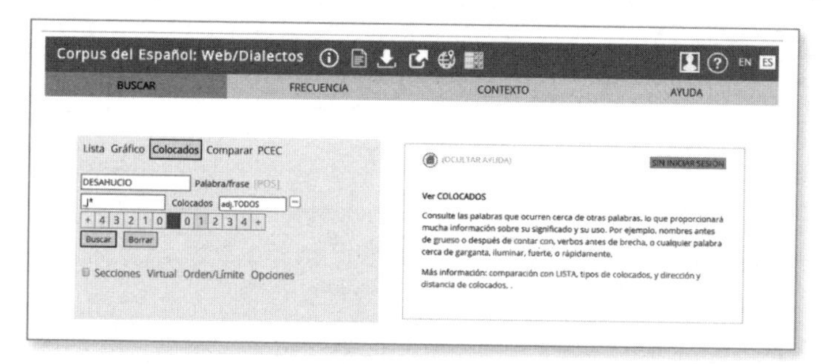

Fig. 17. Búsqueda de adjetivos más frecuentes a la derecha del sustantivo *desahucio*.

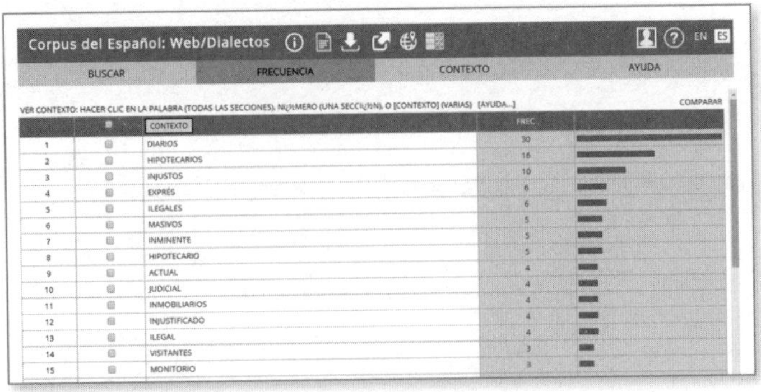

Corpus del Español: Web/Dialectos

BUSCAR | FRECUENCIA | CONTEXTO | AYUDA

VER CONTEXTO: HACER CLIC EN LA PALABRA (TODAS LAS SECCIONES), NÚMERO (UNA SECCIÓN), O [CONTEXTO] (VARIAS) [AYUDA...] COMPARAR

		CONTEXTO	FREC
1		DIARIOS	30
2		HIPOTECARIOS	16
3		INJUSTOS	10
4		EXPRÉS	6
5		ILEGALES	6
6		MASIVOS	5
7		INMINENTE	5
8		HIPOTECARIO	5
9		ACTUAL	4
10		JUDICIAL	4
11		INMOBILIARIOS	4
12		INJUSTIFICADO	4
13		ILEGAL	4
14		VISITANTES	3
15		MONITORIO	3

Fig. 18. Resultados (adjetivos más frecuentes a la derecha del sustantivo *desahucio*).

Si queremos saber cuál es la representatividad del sustantivo *desahucio* por región, seleccionamos la opción "Gráfico" en el subcorpus "Web/dialectos" y se observa inmediatamente cuáles son los países donde se ha registrado el término más frecuentemente en términos absolutos y relativos (fig. 19).

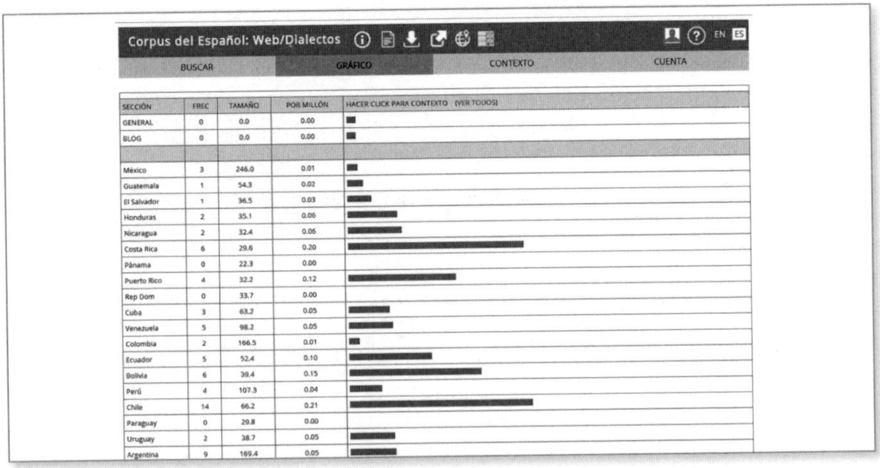

Corpus del Español: Web/Dialectos

BUSCAR | GRÁFICO | CONTEXTO | CUENTA

SECCIÓN	FREC	TAMAÑO	POR MILLÓN	HACER CLICK PARA CONTEXTO (VER TODOS)
GENERAL	0	0.0	0.00	
BLOG	0	0.0	0.00	
México	3	246.0	0.01	
Guatemala	1	54.3	0.02	
El Salvador	1	36.5	0.03	
Honduras	2	35.1	0.06	
Nicaragua	2	32.4	0.06	
Costa Rica	6	29.6	0.20	
Pànama	0	22.3	0.00	
Puerto Rico	4	32.2	0.12	
Rep Dom	0	33.7	0.00	
Cuba	3	63.2	0.05	
Venezuela	5	98.2	0.05	
Colombia	2	166.5	0.01	
Ecuador	5	52.4	0.10	
Bolivia	6	39.4	0.15	
Perú	4	107.3	0.04	
Chile	14	66.2	0.21	
Paraguay	0	29.8	0.00	
Uruguay	2	38.7	0.05	
Argentina	9	169.4	0.05	

Fig. 19. Resultados: representación de *desahucio* en el mundo hispanohablante.

Este corpus, tal como algunos de los otros (cf. infra), permite también el uso de los "comodines" universales "?" (representa a un solo carácter) y "*" (representa a varios caracteres, hasta final de palabra). Así, al buscar *seguir** (fig. 20), el sistema devuelve todas las formas encontradas en el corpus que contengan *seguir* hasta final de palabra (fig. 21).

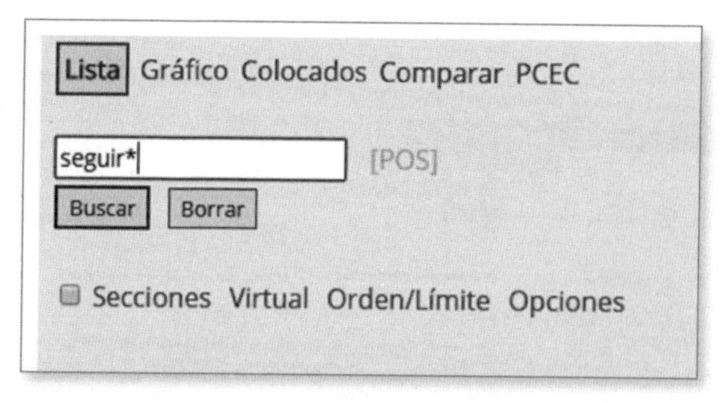

Fig. 20. Búsqueda con el comodín "*".

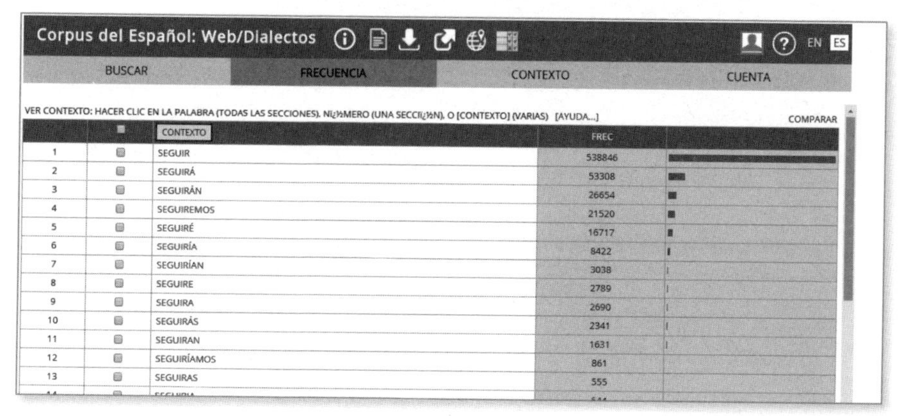

Fig. 21. Resultados de búsqueda con el comodín "*".

8. BAB.LA, NO LA TORRE DE BABEL

Finalmente, existen corpus multilingües como Linguee (www.linguee.com) cuyas grandes ventajas frente a los diccionarios tradicionales es que, aparte de actualizarse más rápidamente, permiten –hasta obligan– al usuario a ver la traducción en contexto, por lo que se vuelve menos probable la típica traducción literal de palabra por palabra. Véase Buyse y Verlinde (2014) para una discusión de la importancia de estas herramientas. Otros ejemplos son Reverso, bab.la y Glosbe.

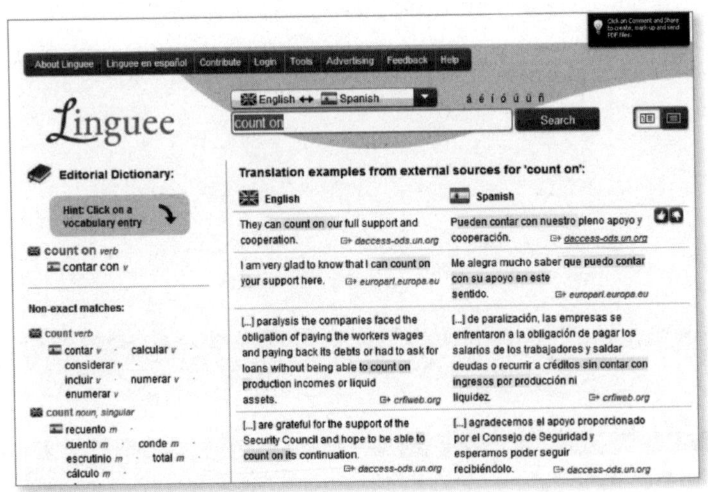

Fig. 22. Resultados de búsqueda de Linguee.

Resumiendo, estas son las características de cada uno de los corpus descritos:

	Google	Webcorp	Wortschatz	CORPES XXI	Corpus del Español	Linguee
Facilidad de uso	+	+	+	±	±	+
Multilingüe	+	+	+	-	-	+
Histórico *vs.* sincrónico	-	-	±	-	+	-
Selección/actualización	- / +	- / +	+ / -	+ / -	+ / ±	+ / +
Calidad/cantidad	- / +	- / +	+ / -	+ / +	+ / ±	+ / +
Lematización	-	-	-	+	+	-
POS tagging	-	-	-	+	+	-
Etiquetado semántico	-	-	-	-	+	-
Mayúsculas/acentuación/ puntuación	- / + / -	+ / + / -	+ / + / +	+	- / + / +	- / + / -
Comodines y operadores	- / +	- / +	+ / -	+	+ / -	-
Combinaciones de palabras	±	+	±	++	++	±
Selección temática/geográfica/ textual	- / + / -	+ / + / -	- / - / -	+	+	-
Comparar subcorpus	-	-	-	±	++	-
Sacar concordancias	-	+	-	+	+	-
Reordenar concordancias	-	+	-	+	+	-
Frecuencias y distribución	+ / -	+ / +	+ / -	+ / +	+ / +	-

9. DEL CORPUS AL AULA

En conclusión, cada corpus tiene ciertos puntos a favor y en contra, además de un determinado grado de facilidad de uso. De ahí que aconseje introducir y enseñar gradualmente los corpus junto con otras herramientas, al enseñarles a pedir asistencia a los "siete expertos" (diccionarios, gramáticas, verificador ortográfico, corpus, nativos, profesores y L1/LE) y tomar en cuenta los niveles del Marco Común Europeo de Referencia.

Nuestra experiencia demuestra que el uso de estas herramientas da lugar a una mejora sustancial en la calidad de la expresión de los aprendices; por otro lado, también demuestra que el uso de las herramientas sigue siendo insuficiente (y el progreso lingüístico también) si no enseñamos su uso al aprendiz y le invitamos a manejarlas. Un instrumento muy eficaz para hacerlo es una lista de control en un portafolio, donde el alumno debe contestar, en el marco de una tarea de redacción, a preguntas como las siguientes:

- ¿Has utilizado diccionarios monolingües (para controlar traducciones literales, colocaciones, preposiciones fijas, género de palabras, falsos amigos...)? ¿En qué casos?
- ¿Has utilizado diccionarios multilingües (mismos objetivos)? ¿En qué casos?
- ¿Has comprobado toda la información en las entradas de los diccionarios (el género, la morfología, los distintos significados, las preposiciones fijas, las colocaciones, los modos, los ejemplos...)? ¿En qué casos?
- ¿Has utilizado corpus (Wortschatz, CREA, Webcorp, Corpus del Español, Google...)? ¿En qué casos?
- ¿Has utilizado un verificador ortográfico (en Word o en internet, como http://lomastv.com/free-online-spanish-spelling-grammar-checker.php)? ¿Qué te corrigió?

Sin estos estímulos (y recompensas bajo forma de redacciones de una calidad y nota más altas), será difícil convencer a las generaciones actuales de alumnos de que usen espontáneamente estas nuevas herramientas y hacerles entender el beneficio que pueden sacar de ellas. Asimismo, es de suma importancia enseñar el uso de los instrumentos en la propia clase a partir de ejemplos concretos (*hands on experience*), fomentando así la autonomía, para que el alumno sea capaz de usarlos en casa.

- Como en cualquier secuencia didáctica apropiada, hay que empezar con ejercicios cerrados (basados en problemas y contextos reales),

- pasar por ejercicios semilibres (contextos donde varias herramientas/corpus serían apropiados)
- y terminar con ejercicios libres (redacciones, por ejemplo).

10. CONCLUSIONES

Un corpus lingüístico, es decir, un conjunto de textos informatizados producidos en situaciones reales y seleccionados según una serie de criterios lingüísticos, ofrece muchas ventajas para el alumno y para el profesor, tanto para el nativo como para el no nativo.

De cara a su aprovechamiento en la clase y a poder enseñar su uso a los alumnos, es importante conocer los pros y los contras de cada (tipo de) corpus:

GOOGLE (www.google.es):

+ aprovechar todas las posibilidades del instrumento, como el uso de las comillas, los operadores como "and"y "no", añadir "site:" seguido del dominio de un país, google.es (en vez de google.be o .fr...) o la búsqueda avanzada.

– fiabilidad (¡corpus = toda la web!), presentación de los resultados de búsqueda (-concordancias), flexibilidad (- lematización, - *POS tagging*).

HERRAMIENTAS COMO WEBCORP (http://www.webcorp.org.uk/)

+ permiten sacar concordancias (y reordenarlas), listas de colocaciones y resolver dudas sobre aspectos léxicos que (todavía) no constituyen el punto fuerte de la mayoría de los diccionarios, como las colocaciones (combinaciones frecuentes de palabras) o las valencias (preposiciones fijas de verbos, sustantivos o adjetivos; restricciones de tipo semántico o sintáctico sobre el sujeto u objeto de un verbo; etc.).

– fiabilidad (¡corpus = toda la web!), flexibilidad (- lematización, - *POS tagging*).

PEQUEÑOS CORPUS FÁCILMENTE MANEJABLES COMO LOS DE WORTSCHATZ DE LA UNIVERSIDAD DE LEIPZIG (http://wortschatz.uni-leipzig.de)

+ textos seleccionados, frecuencia, unos ejemplos contextualizados, formas coocurrentes a la izquierda y a la derecha, ambas en orden de frecuencia decreciente, y una visualización gráfica (mapa semántico).

– tamaño, flexibilidad (- lematización, - *POS tagging*).

CREA (http://corpus.rae.es/creanet.html) y la colección de textos diacrónicos **CORDE** (http://corpus.rae.es/cordenet.html) de la Real Academia Española:

+ tamaño significativamente mayor que permite la falta de comparación de géneros, ámbitos y países + grupos de palabras + frecuencias avanzadas.

– flexibilidad (- lematización, - *POS tagging*); sin embargo, desde hace poco: versión beta del CORPES XXI (+ lematización, *POS tagging*, coapariciones de palabras, pero, por el momento, sin textos históricos).

CORPUS DEL ESPAÑOL (www.corpusdelespanol.org):
+ corpus lematizado y con *POS tagging*, sincrónico + histórico.

– tamaño inferior.

OTROS: corpus SOL - Spanish Online (http://spraakbanken.gu.se/konk/rom2/, con textos menos recientes), Sketchengine (http://sketchengine.co.uk/, de pago), Ancora, CorpusEye, Spanish Framenet; para más informaciones: Mar Cruz Piñol (2012: 65), https://delicious.com/MarCruzPinol/, corpus +lematizado.

COMBINACIONES DE DICCIONARIOS Y CORPUS MULTILINGÜES como Linguee (www.linguee.com)

+ actualización rápida; "obliga" al usuario a observar –así tomar en cuenta– la (traducción de) la palabra en contextos auténticos y más amplios que en un diccionario

– flexibilidad (- lematización, - *POS tagging*)

Otros de este tipo: Reverso, bab.la, Glosbe.

En resumen, lo que tienen en común estas herramientas es que permiten al alumno y al profesor, ante una duda lingüística, encontrar las estructuras más frecuentes en las producciones reales (de los hablantes nativos de una lengua, en los corpus de textos seleccionados), muchas veces imposibles de encontrar con instrumentos más tradicionales como los diccionarios y las gramáticas, por lo que aumenta la autonomía de aprendizaje.

BIBLIOGRAFÍA

Alonso Pérez-Ávila, E. (2007). "El corpus lingüístico en la didáctica del léxico del español como LE", *Boletín de la Asociación para la Enseñanza del Español como Lengua Extranjera 37*: 11-27.

Aston, G., S. Bernardini y D. Stewart (2004). *Corpora and language learners*. Amsterdam/Philadelphia: Benjamins.

Buyse, K. (2010). "La expresión escrita en la clase de ELE: ingredientes esenciales, sazonados o no con TIC". *Mosaico 26*: 4-13.

Buyse, K. (2011). "Qué corpus en línea utilizar para qué fines en la clase de ELE?". *Del texto a la lengua: la aplicación de los textos a la enseñanza-aprendizaje del español L2-LE*. Salamanca: ASELE, páginas 277-289.

Buyse, K. (2014). "Una hoja de ruta para integrar las TIC en el desarrollo de la expresión escrita: recursos y resultados". *Journal of Spanish Language Teaching 1* (1): 101-115.

Buyse K. (2016). "La buena cocina de la expresión escrita: ¿cómo conseguir que los alumnos preparen buenos platos?". *Enseñar español en la actualidad*, ed. E. Gamazo y M. Aznar. Coimbra: Universidade de Coimbra, páginas 174-194.

Buyse K., L. Fernández Pereda y K. Verveckken (2016). "The Aprescrilov Corpus, or Broadening the Horizon of Spanish Language Learning in Flanders". *Studies in Corpus Linguistics, vol: 78, Spanish Learner Corpus Research Current trends and future perspectives*, ed. M. Alonso Ramos. Amsterdam: Benjamins, páginas 143-168.

Buyse K. y E. González Melón (2013). "El corpus de aprendices Aprescrilov y su utilidad para la didáctica de ELE en la Bélgica multilingüe". *Multilingüismo y enseñanza de ELE en contextos multiculturales*, ed. B. Blecua y otros. Gerona: Asociación para la Enseñanza del Español como Lengua Extranjera, páginas 247-261.

Buyse K. y S. Verlinde S. (2013). "Possible effects of free on line data driven lexicographic instruments on foreign language learning: The case of linguee and the interactive language toolbox". *Procedia: Social and Behavioral Sciences: Vol. 95*. Elsevier BV, páginas 507-512.

Cruz Piñol, M. (2012). *Lingüística de corpus y enseñanza del español como 2/L*. Madrid: Arco/ Libros S. L.

Cruz Piñol, M. y otros (2012). "¿Qué queremos de la red y para qué? Nuevas perspectivas en el uso de la red en la enseñanza del ELE". *La Red y sus aplicaciones en la enseñanza-aprendizaje del español LE*, ed. C. Hernández González. Valladolid: Universidad de Valladolid, páginas 31-59.

Lewis, M. (1997). *Implementing the lexical approach*. Hove: Language Teaching Publications.

11

IMPLICACIONES DE CREAR MATERIALES DESDE UNA PERSPECTIVA LÉXICA

Sergio Troitiño
Editorial Difusión

1. INTRODUCCIÓN

En la actualidad se está produciendo una paulatina entrada del enfoque léxico en la enseñanza de ELE a partir de tesis doctorales, memorias de máster, artículos, seminarios, formaciones y también de nuevos materiales didácticos. Consecuentemente, los profesores están cada vez más sensibilizados sobre la necesidad de incorporar estos principios a su práctica docente, tanto en lo que respecta a técnicas de enseñanza, como al uso de materiales publicados y a la creación de materiales propios. Sin embargo, uno de los obstáculos que ralentiza la entrada del enfoque léxico en las aulas es la relativa escasez de aportaciones teóricas centradas en su implementación en el diseño de actividades y secuencias didácticas. Aunque pueda resultar paradójico, los modelos disponibles para la observación y reflexión provienen sobre todo de la publicación de manuales[1].

El objetivo de este artículo es reducir la distancia entre la teoría sobre el enfoque léxico y la creación de materiales didácticos. Para ello, trazaremos líneas de conexión entre las aportaciones teóricas más recientes –tales como el carácter léxico del procesamiento lingüístico, el principio de idiomaticidad presente en las lenguas o los procedimientos favorecedores de adquisición de ítems léxicos– y el diseño de actividades y secuencias didácticas. Esperamos poder contribuir tanto al análisis y la comprensión de los nuevos materiales didácticos como, de paso, a las técnicas docentes y de creación de actividades.

2. ¿POR QUÉ ES TAN IMPORTANTE EL LÉXICO?

Los materiales y las técnicas de enseñanza basadas en el enfoque léxico deben tener en cuenta al menos los siguientes cuatro aspectos.

EL SIGNIFICADO SEMÁNTICO ES LA BASE DE LA COMUNICACIÓN

Las palabras de contenido semántico son el primer elemento del *input*, junto con otros de tipo pragmático, que tomamos en cuenta a la hora de iniciar los procesos

1 En este sentido, puede citarse como referencia pionera el manual *Bitácora* (Difusión, 2011).

de inferencias que nos llevan a construir el significado del mensaje[2]. Señalemos, de paso, que son las palabras de contenido semántico (sustantivos, adjetivos y verbos, además de los adverbios acabados en *-mente*) los únicos elementos de la lengua que se refieren al mundo, sea el real o el mundo de los conceptos. Por su parte, las palabras gramaticales y morfemas (*los*, *para*, *no*, *-aba*, -í, etc.) no se refieren al mundo, sino a la lengua y al proceso de enunciación[3].

A pesar de lo anterior, muchos materiales y programas todavía dan un papel secundario al vocabulario y a las construcciones léxicas, ofreciendo un trabajo pobre sobre este componente lingüístico y limitado a listados temáticos previsibles. A menudo, incluso, el léxico aparece en los materiales como puro material de relleno en las frases destinadas a ejemplificar la gramática. De esto último podría concluirse erróneamente que el vocabulario no es esencial y que su aprendizaje deberá producirse accidentalmente y sin una necesaria planificación didáctica. Sin embargo, no dejemos de tener en cuenta que "sin léxico la gramática es demasiado etérea" (Battaner, 2012), ni tampoco que "sin gramática poco puede ser expresado; [pero] sin vocabulario, nada" (Wilkins, 1972).

Por ello, los materiales y programaciones didácticas deben dar un papel más central al vocabulario y a las construcciones léxicas, no solo en las actividades de comprensión y producción, sino también en las de reflexión. Esta tarea debería servir, además, para compensar la gran predominancia que todavía tiene en muchos programas y descripciones curriculares la progresión basada en la morfología verbal y en los tipos de oración.

LAS LENGUAS TIENEN UN CARÁCTER LÉXICO

Una lengua natural no funciona como una máquina combinatoria, con capacidad para producir infinitos enunciados gramaticales a partir de unas pocas reglas aplicadas al diccionario de la lengua (Ellis, 2011). Por el contrario, las lenguas son sistemas fuertemente lexicalizados y llenos de irregularidades, resultantes de una evolución histórica condicionada por el uso que hacen de ellas sus hablantes. Una evidencia de esto es que a los hablantes de una lengua no les basta con que una frase

---

2 Esto es algo que reconocen tanto autores en contra de prestar atención a la gramática (Krashen, S.: *Principles and Practice in Second Language Acquisition*. Pergamon, 1982) como aquellos que están a favor (VanPatten, B.: *Processing Instruction: Theory, Research, and Commentary*. Routledge, 2004).

3 Un ejemplo de esto sería si leemos en este instante un cartel con el mensaje "hoy no se fía, mañana sí". En él los adverbios *hoy* y *mañana* tendrán una referencia distinta si el cartel es leído en cualquier otro día del año. Otro ejemplo serían los morfemas de pasado, que indican pasado con respecto al tiempo de la enunciación.

pueda considerarse como correcta o bien formada, sino que además debe resultar probable o habitual: debe "sonarnos bien". El carácter idiomático de la lengua se evidencia, por ejemplo, en que es mucho más probable que un hablante nativo de español nos invite a *tomar café*, que a *beber café*. Otra evidencia del carácter léxico del español es que dentro de muchos segmentos léxicos las palabras gramaticales parecen perder su valor de sistema. Así sucede, por ejemplo, en (1), donde el artículo determinado *el* no introduce un elemento previamente presente en el contexto o ya conocido por el interlocutor y no implica necesariamente una interpretación específica del sustantivo, o en (2), donde el pronombre átono no tiene ninguna referencia anafórica y forma parte de la construcción:

(1) ir a **un** restaurante/museo, pero ir **al** cine/teatro

(2) pasar**lo** bien (España), pasar**la** bien (Hispanomérica), vérse**las** negras, pasar**las** canutas, tomar**la** con alguien, jugárse**la** a alguien, apañárse**las**/arreglárse**las**/ componérse**las** bien/mal, créerse**lo** (España), creérse**la** (Hispanoamérica), tener**lo** claro (España), tener**la** clara (Hispanoamérica)

Los materiales, por tanto, deben contribuir a crear conciencia en los aprendices de que las palabras no son unidades aisladas que se combinan entre sí solo a partir de ciertas reglas, sino que a menudo las palabras tienen una tendencia a combinarse más frecuentemente con unas que con otras, en un grado que puede variar según el tipo de unidad (combinaciones frecuentes, colocaciones, locuciones, modismos, etc.).

LAS LENGUAS SE PROCESAN DE MANERA LÉXICA

Los hablantes de una lengua no comprendemos ni producimos enunciados o textos palabra por palabra (Schmitt y Carter, 2000), sino que procesamos segmentos completos de palabras. Este fenómeno de procesamiento, denominado *chunking* (Ellis, 2005), permite explicar nuestra fluidez en el manejo de la lengua.

En el caso del aprendizaje de una segunda lengua, hay varias técnicas docentes para estimular ese mismo tipo de procesos bajo la denominación general de *pedagogical chunking* (Lewis, 1993). Estas técnicas suponen cualquier procedimiento a través del cual los estudiantes toman conciencia de la existencia en la lengua de segmentos léxicos relevantes y rentables –que pueden abarcar el nivel léxico, léxico-gramatical, textual e incluso fragmentos largos de lengua con valor funcional– con el objetivo de que sean capaces de reconocer y producir estos patrones y mejorar así sus niveles de precisión, idiomaticidad y fluidez comunicativa.

IMPLICACIONES DE CREAR MATERIALES DESDE UNA PERSPECTIVA LÉXICA

Muchas de estas técnicas tienen en común el hecho de realzar y hacer más perceptible en los documentos de aporte de lengua estos fragmentos, ya sea usando sobre ellos recursos gráficos como el subrayado, la negrita o el color, o bien extrayéndolos y aislándolos en listas o tablas. Un ejemplo de *pedagogical chunking* lo encontramos en el recurso del texto mapeado[4].

> Baumeister, de la Universidad de Florida, ha demostrado cómo la fuerza de voluntad se puede entrenar. **Es más**, si **eres capaz de** controlar tu **irrefrenable impulso** a comer dulces, te puede ser más fácil **dejar de** fumar. **Por ello**, escoge algo que te cueste un poquito para ir **cogiendo músculo** y **afrontar** mayores **desafíos**.

EL LÉXICO ES TAMBIÉN UNA VÍA DE ACCESO A LA GRAMÁTICA

En la creación de la representación mental de la gramática de un aprendiz de una segunda lengua intervienen muchos y variados factores. El más evidente es la cantidad y calidad de la reflexión metalingüística que se ofrece en clase o en los materiales cuando se presenta un punto del sistema y se ofrece una clara y suficiente ejemplificación. Otro es la cantidad, calidad y relevancia del *input* que el estudiante va a procesar a través de su contacto con la lengua (lecturas, audiciones, conversación, documentos audiovisuales, etc.). Sin embargo, un factor al que no se suele prestar tanta atención es al del conocimiento memorizado de segmentos léxicos (que incluyen en sí piezas de gramática), tales como una fórmula de saludo, el verso de una canción o un exponente funcional y al impacto que su uso reiterado en escrito y sobre todo en conversación puede tener a la hora de hacer emerger un conocimiento intuitivo de estructuras gramaticales (Hopper, 1987; Su, 2016).

Un ejemplo de este potencial de emergencia de gramática de los fragmentos memorizados es la frase *Mi casa es su casa*, que muchos estadounidenses citan[5] cuando se evoca el tema de la hospitalidad en los países de habla hispana. A partir de esta frase un estudiante norteamericano –y con la concurrencia de otros ejemplos– puede formarse una primera hipótesis acerca del funcionamiento de los posesivos o de las estructuras atributivas con el verbo *ser*.

---

4 *Mapear* un texto consiste en destacar fragmentos con cierto valor lingüístico para evidenciar sus partes. En este caso, se destacan con colores diferentes –no reproducibles aquí–: combinaciones frecuentes y colocaciones (rojo), verbos y expresiones con preposiciones (verde) y conectores y marcadores (azul). El fragmento citado corresponde al artículo titulado "Septiembre con fuerza de voluntad" (colección "Hoy en clase", Campus Difusión –www.campus.difusion.com–).

5 La frase *Mi casa es su casa* tiene un gran arraigo cultural en los Estados Unidos, probablemente por haberse popularizado gracias a la comedia televisiva *Chico and the Man* en la década de 1970.

3. ¿QUÉ LÉXICO DEBO ENSEÑAR?

Al aprender una lengua es lógico preguntarse cuáles son las palabras más importantes o rentables que deben ser aprendidas. En el caso del docente esta pregunta es aún más importante, ya que debemos tomar una serie de decisiones de antemano sobre los contenidos que van a contemplarse en el programa.

A esta pregunta se puede responder desde dos tipos de óptica, una claramente cuantitativa y otra mucho más flexible y cualitativa. Dentro de una línea cuantitativa (Nation, 1990 y 2001) se busca determinar las palabras más rentables para cada tipo y nivel de enseñanza de lengua a través del análisis de frecuencia en los corpus de lengua. Así, y en el caso del inglés como segunda lengua, existen cálculos y listados de frecuencia y se ha llegado a determinar, por ejemplo, que las mil palabras más frecuentes permiten cubrir el 74,1 % de todos los textos posibles en inglés (Nation, 2001: 13-15). Esto supone en la teoría un avance importantísimo. Sin embargo, esta línea de trabajo presenta una serie de inconvenientes. Entre otros, las dificultades de distinguir y discriminar las variedades geográficas y de registro reflejadas y la tipología de texto en que una palabra es más representativa, la acepción en que una palabra es más frecuente o su dimensión colocativa (ya que los listados de frecuencia consideran palabras aisladas[6]). En este último aspecto resulta muy convincente la crítica de Michael Lewis (1997: 20-21) cuando sostiene que el vocabulario o léxico son algo más que palabras y sugiere que los cómputos estadísticos en forma de listas de frecuencia ofrecen una visión sesgada al respecto.

¿Cómo decidir, pues, sobre la selección de vocabulario? Una opción es hacerlo desde una perspectiva cualitativa, menos automática, más analítica y centrada en una enseñanza enfocada en el alumno. Esta perspectiva es compatible con los planes curriculares, listados de frecuencia, listas de léxico disponible, etc., pero toma en consideración las limitaciones de estos documentos. En efecto, ningún programa podrá prever por completo las palabras que necesitará un usuario de la lengua para representar su propia identidad social y psicológica y para desenvolverse en los ámbitos en los que se verá involucrado.

---

6 Un ejemplo de ello es la frecuencia de la palabra *embargo* en el listado del Corpus de Referencia del Español Actual (CREA). Su aparición en la posición 170 genera serias dudas acerca de si la palabra aparece más veces en el conector *sin embargo* o usada sola. Otra duda es la representatividad de la palabra en cualquier de estas dos posibles apariciones: tanto el conector como en la palabra suelta son más propias del español escrito y, en el segundo caso, de la prensa escrita.

En una perspectiva cualitativa la toma de decisiones del profesor y del creador de materiales sobre el léxico que va a programar puede hacerse a partir de las siguientes preguntas.

¿ES ÚTIL PARA MIS ESTUDIANTES?

Hay que prever (o analizar) ciertas necesidades del alumno pensando en la utilidad potencial del léxico que vamos a seleccionar.

En el caso del creador de materiales didácticos se trata, sobre todo, de definir de antemano al público meta (edad, contexto institucional de aprendizaje, necesidades de comunicación, entornos de interacción probables, temas de interés) y de tener en cuenta el nivel de competencia en la lengua para el que se esté diseñando material.

En el caso del profesor no solo se deberá prever sino que se puede aprovechar el contacto con los estudiantes para analizar sus necesidades (mediante entrevistas, cuestionarios, o simplemente como resultado de sus impresiones en clase). Este puede ser un proceso continuo.

¿ES RENTABLE Y REPRESENTATIVO DEL USO DE LA LENGUA?

Es necesario determinar la rentabilidad y representatividad en el uso o usos de la lengua que va a hacer el estudiante del léxico que escojamos o nos venga dado por el programa. Al margen de los mencionados listados de frecuencia, podemos consultar recursos y listados relacionados con la disponibilidad léxica[7] o consultar en los corpus de última generación[8] (en los que sí es posible saber en qué tipo de textos aparece la palabra consultada y a qué país de habla española pertenece). También, y con el debido cuidado, podemos usar buscadores web como Google, en los que es posible buscar palabras o fragmentos literales y ver su número de ocurrencias, contrastar con otras palabras, filtrar por países, etc. Por último, también podemos recurrir a nuestro sentido de la lengua (la intuición del hablante) e interrogarnos sobre la frecuencia de una palabra o expresión y, por tanto, sobre su rentabilidad.

¿PERMITE A MIS ESTUDIANTES REFLEJARSE A SÍ MISMOS Y A SU MUNDO?

Si se trata de poner al alumno en el centro del aprendizaje, entonces es necesario preguntarse cómo proporcionar una cierta cantidad de léxico personal, es decir

7 Un ejemplo de esto es el proyecto Dispolex http://www.dispolex.com/.

8 Dos de los corpus más grandes, más revisados y con mayores posibilidades de consulta son CORPES XXI, de la RAE, y Corpus del Español (web/dialects), de la Brigham Young University.

aquellas palabras que permitan a uno mismo representarse lingüísticamente y también la realidad propia.

¿Por qué? Para responder a esta pregunta imaginemos un hipotético estudiante con una alergia alimentaria severa: su léxico esencial de A1 no coincidirá seguramente con el previsto en el manual o en la planificación del profesor y deberá incluir algunas palabras personales relacionadas con su alergia.

Si admitimos este argumento, aún se nos presenta otra pregunta: ¿cómo prever las palabras para que los estudiantes en un grupo numeroso sepan decir lo que no pueden comer, qué hacen en su tiempo libre o cuál es la profesión de sus allegados? Una respuesta posible es dar al propio estudiante la oportunidad de explorar y construir su repertorio léxico personal mediante actividades y espacios –en la clase y en el libro de texto– que lo propicien. Hay varias maneras posibles.

Una es crear o programar actividades que reten al estudiante a preguntarse cuáles de los recursos presentados en el día o en las últimas sesiones le resultan más rentables para representar su mundo y qué otros recursos léxicos afines (que deberá buscar con ayuda de su profesor o su diccionario) necesita conocer. A continuación se muestra una actividad que estimula la exploración del léxico personal.

Completamos con nuestra información.

Mi comida preferida del día es...

Mi plato preferido es...

¿Qué es? ¿Qué lleva?

Una comida especial para un día especial o una celebración

No puedo comer...

Mi restaurante preferido es...

Es un restaurante....

Bitácora 1 Nueva edición (p. 92).

Otra estrategia docente que puede propiciar que el léxico generado en la clase sea personal es proponer actividades significativas abiertas en las que se invita a crear un producto comunicativo –esto es, tareas–. En estas actividades suele haber una fase de toma de decisiones de los estudiantes acerca del contenido que quieren expresar y otra fase en la que van a buscar los recursos lingüísticos para reflejar esas ideas. Es en este punto donde, además del léxico trabajado en esa y en sesiones anteriores, puede emerger léxico personal.

¿ES FÁCIL DE APRENDER?

Antes de decidir si enseñar un ítem léxico (o cuándo o cómo hacerlo, o cuánta atención dedicarle), debemos valorar la dificultad intrínseca[9] de aprendizaje que este puede representar a nuestros estudiantes. Una palabra será tanto más fácil de aprender cuanto más transparente pueda resultar al aprendiz, ya sea porque guarde similitud formal con su lengua por tratarse de un préstamo o un cognado (es decir, un "buen" o un falso amigo), o ya sea porque pertenece al repertorio de lo que llamamos "palabras internacionales" (*hotel*, *taxi*, *computadora*, etc.).

¿ES FÁCIL DE ENSEÑAR?

Al considerar una palabra o conglomerado léxico debemos interrogarnos sobre su facilidad para ser enseñado[10]. Las unidades léxicas que denotan objetos concretos o conceptos muy esenciales son, por lo general, más fáciles de enseñar. Esto se debe a que las podemos definir con explicaciones sencillas en lengua meta, mostrarlas mediante imágenes o evocarlas mediante gestos.

Por el contrario, aquellas unidades léxicas que presentan matices sutiles de significado o aquellas que tienen un significado muy próximo al de otras de carácter general (pero con características diferenciales) son mucho más difíciles de enseñar usando explicaciones, imágenes o gestos. Algunos ejemplos de esto son *entregar* frente a *dar* –el gesto que las representa es el mismo–, *explicar* frente a *decir* u *observar* frente a *ver*.

Por otra parte, una estrategia que contribuye a facilitar el aprendizaje es la de presentar el léxico organizado en sistemas de relación (sinonimia, antonimia, secuencias de varios elementos, etc.) y mostrar así la relación entre dos o más ítems. Sin embargo, al hacer esto, debemos asegurarnos de que el alumno ya

---

9 Corresponde al concepto "*learnability*" (Thornbury, 2002).

10 Corresponde a "*teachability*" (Thornbury, 2002).

conoce previamente al menos uno de los elementos (por ejemplo, *izquierda*) a la hora de presentar la relación entre los miembros (*izquierda-derecha*). Si no, y como señalan varias investigaciones en psicología del aprendizaje (Nation, 2001), la probabilidad de que el estudiante confunda el valor de *izquierda* por el de *derecha*, y viceversa, será muy alta.

¿SIRVE PARA GESTIONAR EL APRENDIZAJE Y LA COMUNICACIÓN?

Hay que tener en cuenta el léxico necesario para el propio acto de enseñanza y aprendizaje y, también, aquel que permitirá gestionar la comunicación. Haciéndolo, podremos mejorar la gestión del aprendizaje y proveer herramientas para que nuestros estudiantes mejoren su fluidez. Podemos señalar varios tipos.

El léxico procedimental[11] es aquel que permite al estudiante hablar de otras palabras, parafrasear y definir, por ejemplo las palabras básicas que se usan en las definiciones de los diccionarios (los lexicógrafos tratan de tener un conjunto mínimo para definir todas las demás). Pero no solo eso, además son también aquellas unidades léxicas más abstractas que permiten referirse a personas, objetos, conceptos, dimensiones, materiales, formas, acciones, formas de hacer, relaciones entre elementos, etc., con las cuales un estudiante puede confirmar si ha comprendido el sentido de una palabra nueva o hacerse entender de forma aproximativa cuando no posee una unidad de vocabulario precisa.

En este sentido, y desde una perspectiva léxica, podemos ir más allá de las palabras aisladas ofreciendo andamiajes como los siguientes:

Es alguien que hace...
Es algo que se usa/sirve para...
Es como/parecido a...
Es lo contrario de/opuesto a...
Está hecho de...
Es cuando te sientes...

Una segunda categoría de léxico que podríamos considerar como *procedimental* es aquel que está relacionado con el propio hecho de aprender en un contexto formal. Por ejemplo, el referido a objetos y conceptos: *libro*, *diccionario*, *pizarra, tarea*, *conversación*, *difícil*, *correcto*, *error*, entre otras. O a las acciones: *aprender*, *leer (en voz alta / en silencio)*, *comprender*, *consultar*, *hacer preguntas*, *en parejas*, *formar grupos*, *repetir o repasar.*

11 Corresponde al concepto "*procedural vocabulary*" (MacCarthy, 1990).

¿APARECE SUFICIENTEMENTE REPRESENTADO EN LOS DOCUMENTOS QUE LLEVO A CLASE?

Conviene prever qué caudal y qué tipo de léxico traen consigo los documentos que se llevan a clase para garantizar que se ajustan a la programación o que no dispersan el foco en demasiadas direcciones.

Un factor que determina el léxico que aparece en clase son los documentos. Tanto si se trata de textos auténticos (*realia*), de textos adaptados[12] o de textos pedagógicos con características de lo real, no debemos ignorar el hecho de que traen consigo un determinado léxico (que en el caso de los *realia* suele tender a una enorme dispersión).

Una manera de seleccionar textos es verificar que se ajustan a nuestros contenidos y a nuestra programación. Una manera menos habitual, pero igualmente coherente y más determinante para nuestra programación, es operar justo a la inversa: seleccionar textos y crear una secuencia didáctica alrededor de sus contenidos[13].

En cualquiera de los dos casos la selección de un texto requiere análisis detallado y coherencia con el nivel y necesidades del estudiante. Además, requiere comprobar si los ítems léxicos que aparecen en el documento merecen atención explícita, ejercicios de verificación de comprensión, de análisis, de práctica de control y de reciclaje, etc.; en definitiva, de una secuencia didáctica. Sin embargo, en ningún caso es recomendable infrautilizar los textos, porque esto significaría dilapidar el esfuerzo de decodificación, búsqueda y comprensión que exigen de los estudiantes y, en suma, el tiempo disponible para el aprendizaje.

4. ¿POR QUÉ MIS ESTUDIANTES NO RECUERDAN LAS PALABRAS QUE YA HE ENSEÑADO?

Uno de los aspectos clave de la enseñanza es conseguir que lo que sucede dentro de las clases resulte memorable, no solo porque sea digno de recordar, sino también y, sobre todo, porque ayude a producir aprendizaje más o menos duradero. Todo docente experimenta en algún momento esa sensación de frustración que sobreviene al constatar (a través de los errores u omisiones en las producciones de sus estudiantes o a través de las mismas preguntas formuladas una y otra vez) que el léxico ya trabajado no se asimila bien o, simplemente, no se recuerda: *¡Pero si esa palabra ya la he explicado!*

---

12 En algunas culturas de enseñanza se ha dado un valor primordial al documento real, sin embargo hay autores como Michael Swan (1985) que defienden la conveniencia de controlar la dispersión de los recursos lingüísticos de los textos auténticos y recomiendan no trabajar con ellos a menos que hayan recibido un cierto grado de adaptación.

13 Este es el procedimiento que se utiliza en algunos manuales, por ejemplo en *C de C1* (Difusión, 2017).

Las dificultades de retener el nuevo contenido, sin embargo, pueden responder a muchas y diversas causas. Por ejemplo, a que se hayan presentado demasiadas unidades léxicas de una sola vez o a que, una vez presentadas, los estudiantes no hayan sido estimulados para realizar procedimientos que les permitan apropiarse de ellas, como anotarlas realizando un esquema en su cuaderno o utilizarlas en una actividad comunicativa. Sea cual sea el caso, lo cierto es que hay algunas evidencias importantes a las que conviene prestar nuestra atención.

PALABRAS, LAS JUSTAS

La memoria de trabajo –la memoria temporal que usamos al llevar a cabo una cierta tarea– tiene una capacidad limitada[14], por lo que trabajar con un número elevado de ítems a un mismo tiempo desborda la capacidad de atención y procesamiento del cerebro. Esta evidencia sugiere que entre ocho y quince elementos léxicos por sesión sería más que suficiente. Por tanto, cuando gestionamos unidades léxicas en nuestras pizarras o en nuestras actividades y libros de texto no debemos poner el énfasis en la cantidad, sino en otros elementos cualitativos.

VARIAS OCASIONES DE CONTACTO

Raramente se suele aprender algo de una sola vez. El aprendizaje del léxico precisa de varias ocasiones y modos de contacto, y sigue una serie de ciclos que es conveniente respetar y facilitar. Una palabra no estará disponible para su uso productivo si no se produce antes un contacto significativo y reiterado (al menos seis ocasiones) a lo largo de una práctica espaciada en el tiempo (Cepeda *et al.*, 2006).

DIVERSAS FASES DE APRENDIZAJE

El aprendizaje de una palabra sigue una serie de cuatro fases[15] bien diferenciadas sin las cuales el aprendizaje no está garantizado. Conocerlas permitirá al docente saber cuáles y cuántas se están aplicando en sus clases y en los materiales que diseña o utiliza.

---

14 La investigación de Cowan (2001) muestra que se reduce a cuatro elementos verbales, frente a la clásica idea de Miller (1956) de que "siete es el número mágico".

15 De hecho, Nation (2001: 63-70) distingue tres fases (*noticing, retrieval y creative or generative use*), mientras que la Psicología Cognitiva (McDermott y Roediger, 2014) señala otras tres fases no enteramente coincidentes: *encoding*, *storage*, *retrieval*. Sin embargo, en este artículo distinguimos cuatro fases, por las siguientes razones. Al examinar la definición de Nation de *codificación (encoding)* se echa en falta el proceso de percepción *(noticing)*, el cual permite dar cuenta del mecanismo asociativo entre una nueva forma y su significado. Por otro lado, la definición de *almacenamiento (storage)* de la Psicología Cognitiva subraya la necesidad de realizar procesos asociativos para anclar en la memoria la nueva relación forma-significado. Por último, la Psicología Cognitiva muestra el papel clave del *uso creativo (creative or generative use)* en la permanencia de un aprendizaje en la memoria de largo plazo.

Una vez que la atención del aprendiz percibe como relevante una unidad léxica y la discrimina del resto del *input* (*noticing*), se desencadena un proceso cognitivo de etiquetado que se denomina *codificación*. Este proceso consiste en asociar la nueva palabra de la lengua meta (su forma, oral o escrita) con un concepto (significado). Este etiquetado se realiza al consultar el diccionario, al comprender una palabra por el contexto o al negociar su significado durante un intercambio comunicativo; incluso, cada vez que el profesor presenta nuevo vocabulario oralmente o por escrito. Es importante subrayar que esta fase por sí sola no basta para aprender una nueva forma léxica.

La siguiente fase es la de almacenamiento, y consiste en crear un mecanismo de asociación con algo previamente conocido, lo cual permitirá que la unidad léxica pueda ser recuperada posteriormente. Puede ser una asociación por la forma (usando asociaciones mnemotécnicas visuales y auditivas, entre las que destaca la técnica de la palabra clave[16]) o por su significado (porque la relacionemos con otros elementos ya aprendidos, por ejemplo mediante esquemas).

La fase número tres, que es la de recuperación, se produce en cualquier ocasión en que el aprendiz debe recordar. Cuantas más ocasiones tenga para hacerlo (no menos de seis y extendidas a lo largo del tiempo) y cuanto más variadas sean las actividades que le obliguen activar el mecanismo asociativo creado en su memoria, menos volátil será su conocimiento de la unidad léxica.

La cuarta y última fase es la de uso creativo o exploratorio (Nation, 2001: 68). Es la fase culminante en la que el estudiante toma el riesgo de usar una palabra que ya conoce pero en un contexto de uso no familiar, lo que puede llevarle a descartar su hipótesis provisional o a confirmarla y crear una nueva generalización sobre su uso. Las tareas son un contexto ideal para propiciar este tipo de producción, porque permiten más libertad en la toma de decisiones y generan producciones menos previsibles.

ATENCIÓN Y PROFUNDIDAD COGNITIVA

Dos factores esenciales en la creación de memoria son la atención y la profundidad cognitiva, es decir, el estado de alerta para percibir estímulos y la calidad y tipo de procesos mentales que realizamos para fijar un conocimiento nuevo.

Si una unidad léxica consigue captar lo suficiente nuestra atención y si los procesos que llevamos a cabo durante la fase de almacenamiento presentan el adecuado reto

16 *Keyword technique* (Thornbury, 2002), que consiste en asociar el sonido de la unidad en L2 con otro de una unidad de la propia lengua del aprendiz.

intelectual o conectan lo bastante con nuestra emoción o experiencia, tanto más permanente será el anclaje que elaboremos.

Escribir palabras en la pizarra u ofrecer una lista de palabras en un papel o en la página de un manual no basta. Para enseñar mejor el léxico es preciso:

- destacarlo con algún medio gráfico, color o recurso organizativo (realce);
- proponer un contacto sensorialmente rico: leerlas, escribirlas, verlas en imágenes, escucharlas de varias fuentes, sentirlas (estimulación multisensorial);
- planear una pauta de reaparición y práctica a lo largo de la secuencia didáctica (recurrencia);
- estimular la creación de conexiones entre ítems nuevos y otros ya conocidos, por ejemplo, esbozando redes de palabras (organización);
- favorecer con nuestras actividades la experiencia significativa y la vinculación personal del estudiante (significatividad y personalización).

A modo de conclusión podría decirse que será mucho más rentable, desde el punto de vista de la enseñanza, que nuestros materiales y nuestras clases ofrezcan un menor número de unidades léxicas y, a cambio, propongan un trabajo más profundo y que se extienda a lo largo de una secuencia de aprendizaje planificada y coherente.

5. ¿CÓMO PROGRAMO EL LÉXICO?

En la lengua las palabras no aparecen al azar, sino que vienen motivadas por elementos como el tema del que se habla, el tipo de texto, el ámbito en el que se sitúan los participantes (personal, público, educativo, profesional) y su relación entre sí (formalidad, informalidad, confianza, etc.). Incluso también por lo que un hablante cree que ya sabe su interlocutor, aunque sea un receptor potencial como en el caso de la escritura.

Por las mismas razones, cuando se trata de programar el aprendizaje de léxico de una clase, un curso o un manual las palabras no deben tampoco aparecer al azar. Así pues, deberemos evitar al máximo la artificiosidad que a veces se produce cuando se trata de forzar la aparición de una lista de palabras porque así lo exige el programa. Por el contrario, habrá que buscar maneras de que las palabras surjan en la clase de una forma mucho más natural, contextualizada y motivada, incluso aunque eso signifique que las actividades también abran la puerta a otras palabras no esperadas, a aquellas que surjan espontáneamente de la interacción de los estudiantes con los textos, entre sí y con el profesor.

Una manera de crear esta motivación es que la unidad de aprendizaje pivote sobre un elemento central que cohesione los contenidos, los textos, el desarrollo de competencias y la práctica de actividades de lengua. Aunque hay varios elementos posibles (nociones, funciones, ámbitos de acción, cultura, etc.), lo que permite una mayor capacidad de integración de otros elementos es la conjunción entre temas y tareas.

Escoger un tema permite delimitar bastante el tipo de vocabulario, una vez que sabemos a qué perfil de estudiante nos dirigimos. Escoger, además, una tarea relacionada con el tema, nos permite concretar más en el proceso de diseño, puesto que a partir de su análisis podemos prever de forma aproximada qué tipo de elementos léxicos y estructurales serán necesarios para llevarla a cabo, y qué tipo de interacción social y discursiva se pueden generar a partir de ella.

Ya en este punto, el trabajo de diseño debe consistir en proyectar los elementos de contenido y de interacción hacia la planificación de los documentos y el ciclo de actividades. Este ciclo de actividades –en el caso del léxico, y dejando de lado otros componentes necesarios– debe ofrecer oportunidades al aprendiz para (a) captar léxico en uso, dentro de textos apropiados, variados e interesantes, (b) entrenarse en el reconocimiento de patrones léxicos en el *input*, organizarlo en sistema y explorar las propias necesidades léxicas, (3) desplegar una práctica significativa suficiente para acumular y consolidar, y (4) usarlo de manera creativa y personal dentro de interacciones significativas.

Concebir los materiales en términos de unidad didáctica, y aunque resulte mucho más complejo que diseñar actividades aisladas, ofrece una mayor posibilidad de armonizar en un conjunto los contenidos, la estimulación gradual de las fases de aprendizaje y apropiación y la interacción comunicativa.

6. CONCLUSIÓN

La enseñanza del léxico considerada desde la óptica aquí descrita abre a la creación de materiales y a la práctica docente un horizonte verdaderamente apasionante y lleno de retos. Debemos ser capaces de reevaluar las creencias y prácticas más asentadas con grandes dosis de entusiasmo y responsabilidad.

Una de las cuestiones principales es ver cuál puede ser el encaje del enfoque léxico dentro de nuestras prácticas orientadas por otros principios metodológicos. Quizás, y esto es una opinión, este enfoque no debería entenderse como una alternativa al enfoque basado en la forma (*focus on form*), al tratamiento significativo de la gramática o al enfoque por tareas.

Por el contrario, estos conocimientos sobre lo léxico nos pueden ayudar a afinar cuestiones relativas a la selección y presentación de lengua, toman en consideración los procesos de aprendizaje y son perfectamente integrables dentro de una perspectiva más amplia centrada en el alumno y orientada a la acción. El enfoque léxico puede suponer, por tanto, un ajuste más en el proceso de progresiva mejora metodológica.

Finalicemos con tres simples conclusiones. La primera es que en el ámbito de la enseñanza de segundas lenguas y también en el de ELE hay ya una gran cantidad de conocimientos sobre el léxico (su papel en la comunicación, en la lengua y su aprendizaje) como para empezar a replantear nuestros materiales. Dos, ya tenemos algunos primeros materiales didácticos que plasman esos conocimientos y merece la pena analizarlos con detenimiento desde esta nueva óptica. Y, tres, estamos en el inicio de una manera cualitativamente distinta de considerar las palabras –el léxico– en nuestras clases, aunque todavía hay mucho trabajo por realizar. Así que, y, por tanto, ya es hora de que todos tomemos la palabra.

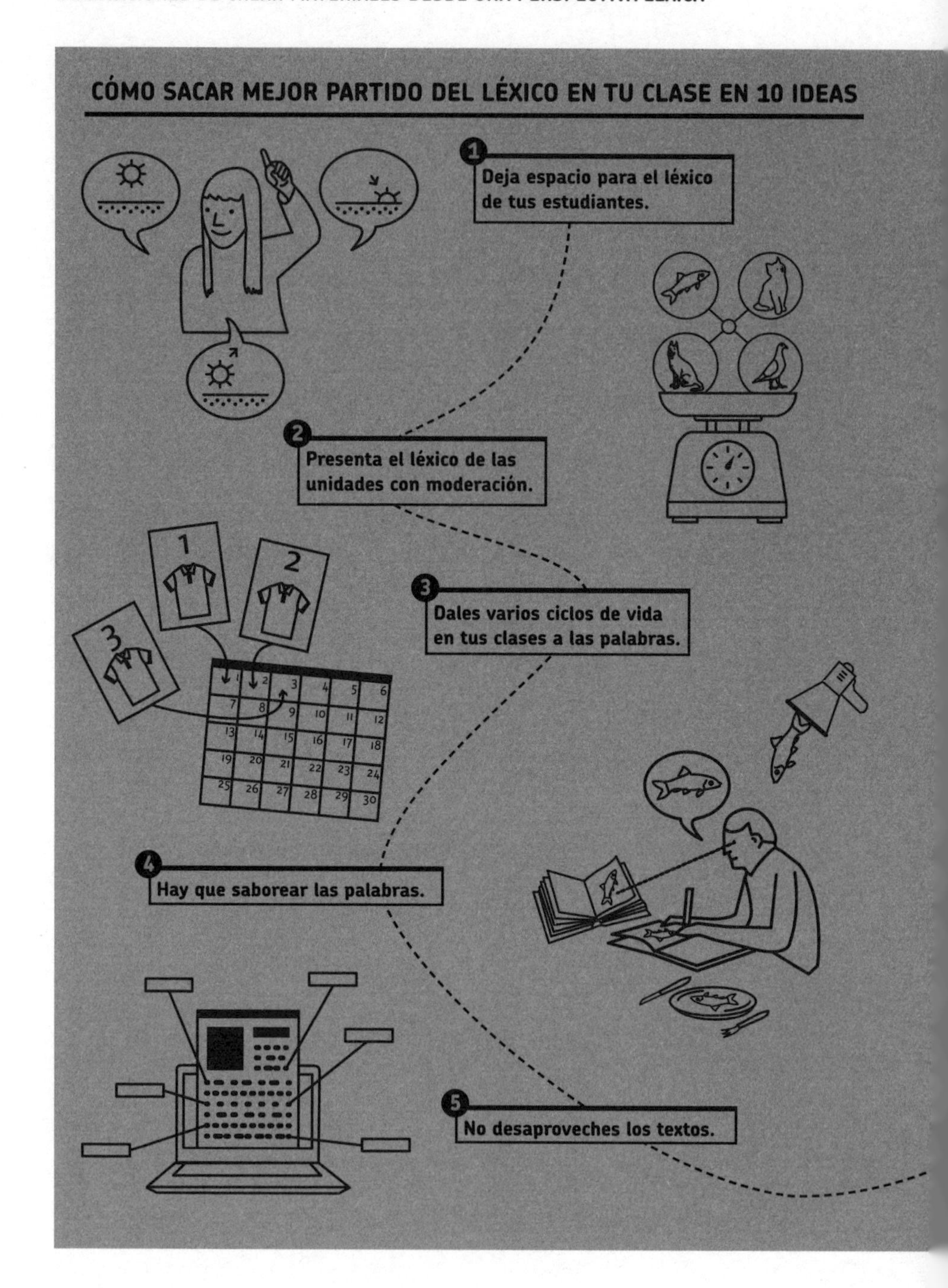
CÓMO SACAR MEJOR PARTIDO DEL LÉXICO EN TU CLASE EN 10 IDEAS
1
Deja espacio para el léxico de tus estudiantes.
2
Presenta el léxico de las unidades con moderación.
1
2
3
3
Dales varios ciclos de vida en tus clases a las palabras.
1 2 3 4 5 6
7 8 9 10 11 12
13 14 15 16 17 18
19 20 21 22 23 24
25 26 27 28 29 30
4
Hay que saborear las palabras.
5
No desaproveches los textos.

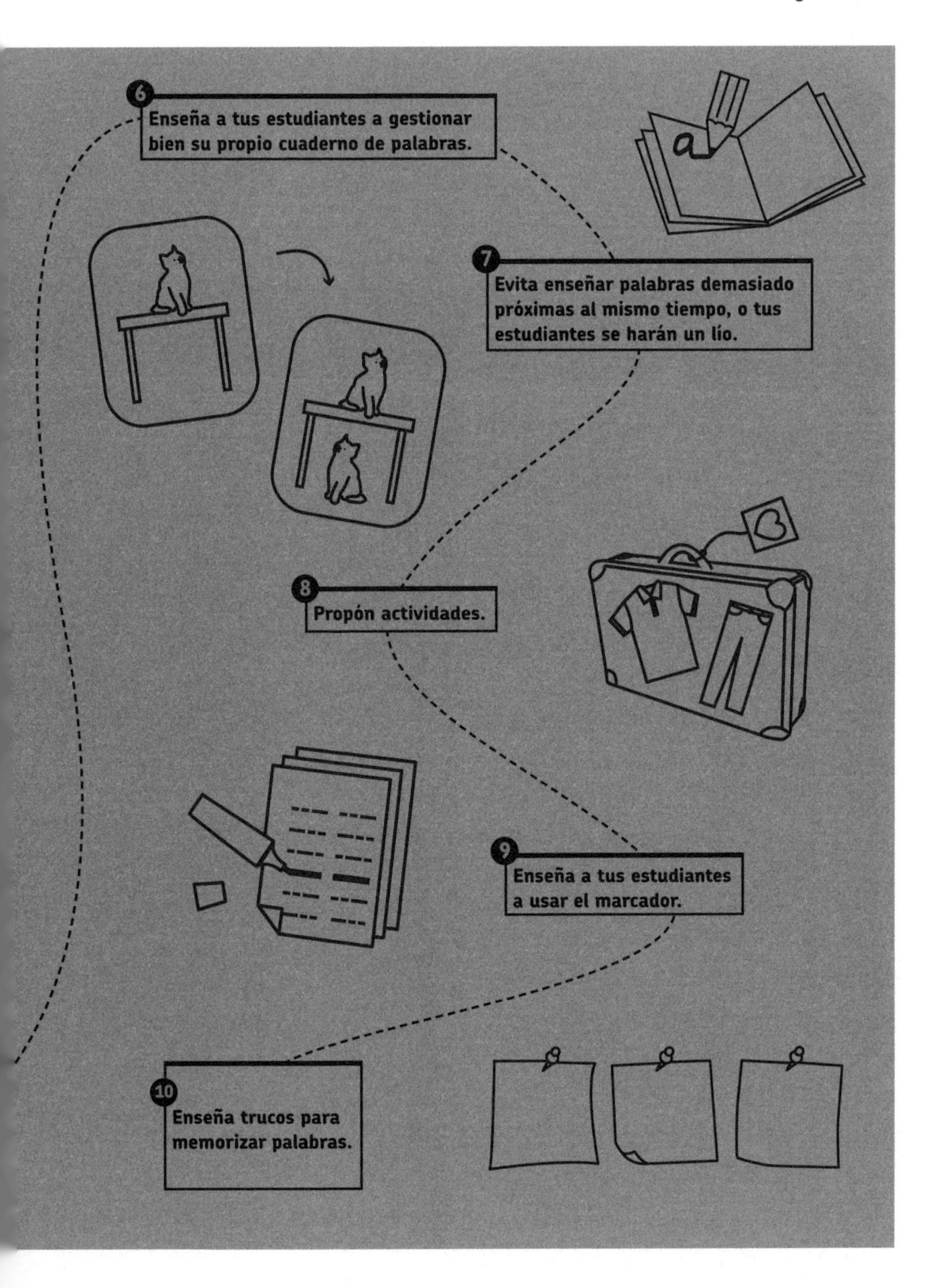
6
Enseña a tus estudiantes a gestionar bien su propio cuaderno de palabras.
a
7
Evita enseñar palabras demasiado próximas al mismo tiempo, o tus estudiantes se harán un lío.
8
Propón actividades.
9
Enseña a tus estudiantes a usar el marcador.
10
Enseña trucos para memorizar palabras.

BIBLIOGRAFÍA

Acquaroni, R. y otros. (2017). *C de C1*. Barcelona: Difusión.

Battaner, P. (2012). "El léxico, como pilar inicial de la reflexión lingüística, y el diccionario". Apuntes de la conferencia 26 de junio en la Universidad Carlos III de Madrid, publicados en https://www.upf.edu/pdi/dtf/paz.battaner/publi.html.

Battaner, P. (2010). "El uso de etiquetas semánticas en los artículos lexicográficos de verbos en DAELE", *Quaderns de filologia. Estudis lingüístics, 15*.

Cepeda, N. J. y otros. (2006). "Distributed practice in verbal recall tasks: A review and quantitative synthesis", *Psychological Bulletin, 132*: 354-380.

Cowan, N. (2001). "The magical number 4 in short-term memory: A reconsideration of mental storage capacity". *Behavioral and Brain Sciences, 24*(1), 87-114. Disponible en: https://www.cambridge.org/core/services/aop-cambridge-core/content/view/44023F1147D4A1D44BDC0AD226838496/S0140525X01003922a.pdf/magical_number_4_in_shortterm_memory_a_reconsideration_of_mental_storage_capacity.pdf

David, P. y Kryszewska, H. (2012). *The company words keep: lexical chunks in language teaching*. Surrey: Delta Publishing.

Dellar, H. y Walkley, A. (2016). *Teaching lexically: Principles and practice*. Surrey: Delta Publishing.

Ellis, N. (2005). "Constructions, chunking, and connectionism: The emergence of second language structure". *Handbook of Second Language Acquisition*. Oxford: Doughty & Long

Ellis, N. (2011). "The Emergence of Language as a Complex Adaptive System". *Routledge Handbook of Applied Linguistics*, ed. Simpson, J. Londres: Routledge/Taylor Francis.

Ellis, R. (2005). "Instructed Second Language Acquisition: A Literature Review". Ministry of Education, New Zealand. (publicación en línea)

Hopper, P. (1987). "Emergent Grammar". En *Berkeley Linguistics Society. 13*. 139-157.

Krashen, S. (1982). *Principles and Practice in Second Language Acquisition*. Oxford: Pergamon.

Kelley, P. y Whatson, T. (2013). "Making long-term memories in minutes: a spaced learning pattern from memory research in education". En *Front Hum Neurosci.*; 7: 589. (disponible en: https://www.ncbi.nlm.nih.gov/pmc/articles/PMC3782739/).

Lewis, M. (1993). *The lexical approach: The state of ELT and the way forward*. Hove: Thomson.

Lewis, M. (1997). *Implementing the lexical approach: Putting Theory into Practice*. Hampshire: Heinle.

McCarthy, M. (1990). *Vocabulary*. Oxford: OUP.

McDermott, K. B y Roediger, H. L. (2014). "Memory (Encoding, Storage, Retrieval)". Diener Education Fund, (disponible en: http://nobaproject.com/modules/memory-encoding-storage-retrieval)

Nation, P. (1990). *Teaching and Learning Vocabulary,* Nueva York: Newbury House.

Nation, P. (2001). *Learning Vocabulary in Another Language*. Cambridge: Cambridge University Press.

Sans N., Martín, E. y Garmendia, A. (2011). *Bitácora 1*. Barcelona: Difusión.

Sans N. y otros. (2016). *Bitácora 1 Nueva edición*. Barcelona: Difusión.

Schmitt, N. (2000). *Vocabulary in language teaching*. Cambridge: Cambridge University Press.

Schmitt, N. (2008). "Instructed second language vocabulary learning". En *Language Teaching Research 12,3*: 329-363.

Schmitt, N. y Carter, R. (2012). "Lexical Phrases in language Learning". En *The Language Teacher*, nº agosto 2000 (http://jalt-publications.org/old_tlt/articles/2000/08/schmitt)

Su, D. (2016). "Grammar emerges through reuse and modification of prior utterances". En *Discourse Studies* (abril 2016) *18* (3): 330-353.

Swan M. (1985). "A critical look at the Communicative Approach (2)". En *ELT Journal* (abril 1985) *39* (2): 76-87.

Thornbury, S. (2002). *How to teach vocabulary*. Londres: Longman.

VanPatten, B. (2004). *Processing Instruction: Theory, Research, and Commentary*. Londres: Routledge.

Wilkins, D. A. (1972). *Linguistics in Language Teaching*. Cambridge: MIT Press.

Willis, D. (1990). Lexical Syllabus. Glasgow: Collins ELT (disponible en: http://www.birmingham.ac.uk/schools/edacs/departments/englishlanguage/research/resources/lexical-syllabus.aspx).

Zimmerman, C. y Schmitt, N. (2005): "Lexical questions to guide the teaching and learning of words". En *CATESOL Journal 17, 1*: 1-7.

12

SI ME DAS A ELEGIR ENTRE EL LÉXICO Y LA GRAMÁTICA

Rosario Alonso Raya y Alejandro Castañeda Castro
Universidad de Granada

1. INTRODUCCIÓN

En la práctica docente de ELE, incluso los estudiantes asumen que hay momentos para el léxico y momentos para la gramática, entendidos como dos componentes complementarios del conocimiento de la lengua abordables de forma independiente. En este capítulo, queremos aportar razones a favor de la superación de esa concepción excluyente de uno y otro ámbito de la competencia lingüística. Desde cierto punto de vista, que comparten en gran medida tanto la lingüística cognitiva (Cuenca y Hilferty, 1999; Ibarretxe-Antuñano y Valenzuela, 2012; Geeraerts, 2006; Langacker, 2008; Alhmoud y Castañeda, 2015) como el enfoque léxico (Higueras, 2007; Lewis, 2002), el dilema entre vocabulario y gramática se considera un falso dilema. En efecto, por un lado, los patrones gramaticales no se conciben solo como estructuras asociadas a meras operaciones formales, sino como significantes, más o menos complejos, asociados a significados y, por otro, las palabras albergan significados que implican el contenido asociado también a otras palabras, lo cual condiciona la forma en que unas y otras se relacionan sintácticamente. Esta visión fundamenta un tratamiento didáctico integrado de léxico y gramática que reconozca tanto el valor relacional de los significados de las palabras como las restricciones léxicas de las reglas morfosintácticas. Exponemos aquí algunas razones que respaldan esta idea (apartado 2) y presentamos un ejemplo de práctica didáctica que la ilustra (apartado 3).

2. INTEGRACIÓN DE LÉXICO Y GRAMÁTICA

La comunión entre vocabulario y gramática puede reconocerse, entre otros aspectos, en dos sentidos que queremos destacar aquí: (1) el que va de las estructuras morfosintácticas al significado y (2) el que va del significado de las palabras a su comportamiento sintáctico.

En el primer sentido, el que reconoce significado en la gramática, puede tratarse tanto del significado abstracto que se asocia a los patrones sintácticos o a los morfemas gramaticales por sí mismos (el que se intenta reconocer en los manuales de gramática de orientación funcional –Matte Bon, 2000; Alonso *et al*, 2011–) como del significado más específico que adquieren esos patrones sintácticos cuando se encarnan en construcciones compuestas por pautas sintácticas y elementos léxicos en parte fijos y en parte variables (Goldberg, 2003). Ejemplos de esas construcciones podrían ser casos como las oraciones condicionales de focalización del tipo *si alguien me engañó fuiste tú*; las construcciones pseudocomparativas correctivas como *más que un árbol es un arbusto*; las ponderativas del tipo *más vale solo que mal acompañado*; las concesivas con subjuntivos duplicados del tipo *diga lo que diga, no me convencerá*; el uso del futuro en secuencias concesivas como en *estará contento, pero no lo demuestra* o las oraciones ecuativas con el verbo *ser* y oraciones de relativo, como en *Pedro es el que está fumando en pipa*, con valor focalizador en casos como *lo que él busca es cariño* o *quien me ha llamado ha sido Juan*. Estas construcciones, y otras muchas de este tipo, están integradas por un patrón sintáctico, ciertos elementos léxicos o morfológicos fijos y ciertas variables nocionales que se concretan y cambian según el contexto al que se aplican (*más vale pájaro en mano que ciento volando*, *más vale tarde que nunca*, *más vale una vez colorado que ciento amarillo*, etc.). Lo más llamativo de estas unidades es que el valor del conjunto de la construcción va más allá de la suma del valor de sus componentes. No es posible prever, por ejemplo, el valor concesivo de las construcciones con futuro a partir ni del significado de suposición o predicción de este tiempo ni de la estructura en la que se inserta. Debe conocerse la asociación simbólica convencional específica de la construcción con ese valor concesivo de conjunto. Y así con el resto de las construcciones mencionadas.

Del segundo sentido en el que nos centraremos aquí, el de las restricciones léxicas de ciertas reglas sintácticas, son ejemplos ilustrativos los usos de se con distintas clases semánticas de verbos o los usos atributivos de *ser* y *estar* en relación con la clasificación semántica de adjetivos.

En cuanto a los usos de *se*, en su valor medial, se reconoce (Maldonado, 1999) que la combinación de este clítico con verbos de movimiento da lugar a la interpretación centrada en el "contraste entre la situación o localización de partida y la situación o localización de llegada" o en la idea de "abandono del lugar o situación de partida" (*caerse de la escalera / caer la lluvia*; *salirse el agua del cauce / salir el agua por el grifo*; *subirse al coche de un salto / subir a la montaña*; *irse de un lugar / ir a un lugar*, etc.), mientras que la combinación con verbos de ingestión o consumo genera la interpretación de "realización completa del acto de ingerir las porciones o unidades delimitadas que tomamos" (*me tomé la sopa / tomé sopa*; *se come una barra de pan él solo / come mucho*). Cuando *se* se combina con verbos transitivos causativos (*romper*, *mojar*, *curar*, *frenar*, *levantar*, *abrir*, *enfriar*, *despertar*, etc.), la versión no pronominal (*el chico rompió el jarrón*, *la estufa calienta la habitación*, *el padre despierta a los niños*, etc.) designa la acción en la que un agente da lugar a un cambio de estado en un paciente; mientras que la versión pronominal designa el cambio de estado que experimenta el paciente (*el jarrón se rompió*, *la habitación se calienta*, *los niños se despiertan*).

En cuanto al contraste de *ser* y *estar* como verbos atributivos en combinación con adjetivos, se ha constatado (Gumiel Molina, 2008) la tendencia de los adjetivos de tipo relacional o no escalar (*telefónico*, *nacional*, *ruso*, *deportivo*, *semanal*, *mecánico*, *portátil*, etc.) a combinarse exclusivamente con *ser*; la de los adjetivos escalares no delimitados (*grande*, *pequeño*, *azul*, *alto*, *bajo*, *estrecho*, *ancho*, *fuerte*, *débil*, etc.) a combinarse preferentemente con *ser*, aunque pueden hacerlo con *estar* si se reinterpretan como referentes a un estado y no a una cualidad (*ser verde / estar verde*; *es alegre / está alegre*; *es alto / está alto*, etc.); y la de los participios pasivos y adjetivos escalares delimitados, acotados o con fases (*lleno*, *vacío*, *mojado*, *seco*, *roto*, *torcido*, etc.) a combinarse exclusivamente con *estar*.

Aunque sería posible identificar un denominador común en los usos mediales de *se*, basado en la idea de foco en el cambio de estado, o en las atribuciones con *ser* (clasificación o identificación con una categoría) y *estar* (estado episódico), el dominio de estos elementos depende crucialmente del reconocimiento de los patrones recurrentes que surgen en relación con ciertas clases léxicas.

En los dos sentidos señalados se debe reconocer la incardinación mutua de gramática y léxico, tanto desde la perspectiva de la identificación de construcciones como desde la interpretación de formas gramaticales condicionada léxicamente. Se demuestra, por tanto, la necesidad de combinar el manejo de reglas gramaticales generales o macro-reglas y reglas gramaticales condicionadas léxicamente o micro-reglas. La práctica didáctica debe reflejar esa estrecha relación.

3. SER Y ESTAR CON ADJETIVOS. UN EJEMPLO DE PRÁCTICA INTEGRADA DE LÉXICO Y GRAMÁTICA

Los usos atributivos de *ser* y *estar* en su combinación con adjetivos de distintas clases semánticas (relacionales –*telefónico*, *español*, *universitario*–, escalares no acotados –*alto*, *grande*, *caro*– y escalares acotados –*seco*, *abierto*, *roto*–) son un buen ejemplo de la conveniencia de abordar sistemáticamente gramática y léxico de forma integrada. En los ejemplos que se presentan aquí, se muestra la manera en que esta integración se materializa en actividades para el aula de ELE.

Lo que sigue (apartado 3.1) es una secuencia de actividades para ejemplificación y práctica de *ser* y *estar* como verbos atributivos y adjetivos de tipo escalar y no escalar, así como de ciertas construcciones ecuativas y ponderativas como algunas de las comentadas en el apartado 2. Se trata de una secuencia relacionada con las funciones de "descripción de estados y cualidades personales, emocionales y de carácter". Se puede poner en práctica en un nivel C1.

3.1. SECUENCIA. EL GABINETE DEL DOCTOR FREULÍN.

A. El doctor Freulín es un famoso terapeuta, pero un poco raro y bastante despistado. En el despacho donde pasa consulta ha hecho un agujero en la pared desde el que observa a sus pacientes en la sala de espera. Aquí tienes la lista de los que están citados para esta tarde con algunos datos. Fíjate en el dibujo e identifícalos.

1.Roberto Riguroso es chino, informático, budista y miope.
Es el que lleva pajarita y traje de chaqueta.
2. Álvaro Hurón es senegalés, ingeniero, musulmán y fumador.
Es el que tiene barba y gafas de sol.
3. Karl Sportacus es alemán, profesor, agnóstico y vegano.
Es el que lleva chándal y auriculares.
4. Anita Cañas es española, arquitecta, católica y animalista.
Es la que lleva gorra, pañuelo y una carpeta.
5. María Aspiración Endivia es belga, jardinera, alcohólica y voluntaria en varias ONG.
Es la que lleva tatuajes y un pirsin en la nariz.

Recuerda que los adjetivos relacionales o no escalares (**chino, informático, budista, miope, senegalés, ingeniero, musulmán, fumador, alemán, profesor, agnóstico, vegano, española, arquitecta, católica, animalista, belga, jardinera, alcohólica** y **voluntaria**), no cuantificables, se usan con **ser**. Expresamos con esta combinación clasificación o identificación con una categoría.

B. El doctor Freulín sabe que el cuerpo dice más que las palabras, de modo que observa la postura y el comportamiento de sus pacientes antes de la sesión. Une cada descripción con el paciente correspondiente.

Está sentado en la silla muy rígido. Parece que está muy preocupado por algo.	Álvaro Hurón
Parece que está muy atenta, muy interesada por lo que hacen los otros.	Anita Cañas
Este hombre está agotado, prácticamente tumbado en el sillón.	María Aspiración Endivia
Está enfadada. Está mordiéndose las uñas.	Karl Sportacus
Está como ausente. Está escondido detrás del periódico.	Roberto Riguroso

> Recuerda que los adjetivos y participios que designan situaciones que se conciben como estadios o fases que se alcanzan a partir de cierto límite o de cierto proceso previo (**sentado, preocupado, ausente, escondido, agotado, tumbado, enfadada, contenta, interesada**) se usan con **estar**. Esta combinación se interpreta como localización en un estadio episódico.

C. El doctor Freulín se ha hecho un lío con las notas que ha tomado. ¿Puedes ayudarlo a organizarlas?

1. Roberto Riguroso **es/está** sumamente .... Un caso extraordinario. No es/está .... hasta que todo **es/está** exactamente en el lugar que le corresponde, limpio e impecable. **Es/está** .... hasta límites insospechados. **Es/está** un .... incansable. Sufre frecuentes ataques de ansiedad.

perfeccionista	tranquilo	exigente	trabajador

2. Alberto Hurón **es/está** muy .... **Es/está** .... de iniciar una conversación. Durante la sesión **es/está** tan .... que las manos le tiemblan. **Es/Está** ....: **ser/estar** tan .... le impide mantener relaciones laborales y personales satisfactorias.

tímido	incapaz	exigente	deprimido	introvertido

3. Karl Sportacus **es/está** un .... de libro. No para de hacer deporte. **Es/está** .... con la alimentación: todo tiene que **ser/estar** .... 100 % y no se atreve a comer fuera de casa porque no se fía. **Es/está** muy .... con su rutina de ejercicios. Solo vive para su cuerpo.

hiperactivo	obsesionado	ecológico	meticuloso

4. Anita Cañas **es/está** muy .... Lo único que en lo que **es/está** .... en esta vida es en acumular y acaparar, quiere tenerlo todo. Puro

síndrome de Diógenes. **Es/está** .... de robar hasta el cepillo de la iglesia. Su casa, en la que además convive con seis gatos, dos perros y una iguana, **es/está** una locura. También **es/está** .... con sus sentimientos. Nunca ha tenido pareja.

tacaña	interesada	capaz	avara

5. María Aspiración Endivia **es/está** constantemente comparándose con todo el mundo; **es/está** la clásica .... Siempre le parece que el otro **es/está** más ...., más .... y más .... que ella y tiene más de lo que ella tiene. Con su pareja **es/está** muy .... No lo deja ni tomarse una cerveza con los amigos. Siempre **es/está** .... **Es/está** una mujer insoportable.

envidiosa	inteligente	simpático	guapo	celosa	de mal humor

D. Tras un largo tratamiento con terapias varias (arado de jardines japoneses, baños de barro, cocina crudívora, etc.), el doctor Freulín observa la evolución de sus pacientes.

1. Roberto **es/está** mucho más .... Incluso lleva manchas en la chaqueta.
2. Álvaro **es/está** completamente .... de sí mismo. Es increíble. Hace monólogos para *El club de la comedia*.
3. Karl **es/está** .... Le ha dado por la repostería. Ha engordado ocho kilos y se ha presentado al casting de *Master chef*.
4. Anita **es/está** otra persona. Desde luego, **es/está** mucho más .... que antes. Ha donado todas sus pertenencias a una ONG de María Aspiración y ha conseguido una cita en *First Dates*.
5. María Aspiración ya ni siquiera se fija en la ropa que llevan otras mujeres en las fiestas. **Es/está** muy .... a la vida por todo lo que tiene y a su pareja le ha comprado un bono para que vaya al fútbol todos los domingos.

relajado	seguro	desconocido	generosa	agradecida

E. Relaciona las afirmaciones de cada paciente con la situación más probable.

María Aspiración Endivia

1. Me siento sexi y me encanta que me miren al pasar. 2. Siento tranquilidad y paz interior.	**a. estar buena** **b. estar bien**
3. Antes no perdía detalle de la ropa y el aspecto de todos los que me rodeaban para compararme. 4. Ahora intento tener cuidado y prestar atención a las necesidades de mis amigos y de mi familia.	**a. ser atenta** **b. estar atenta**

Álvaro Hurón

1. Mi color de piel nunca me ha supuesto ningún problema. 2. Muchas veces, después de todo un día de grabación, me pongo de muy mal humor en los atascos de vuelta a casa.	**a. ser negro** **b. estar negro**
3. Todo el mundo me dice que mi humor es muy inteligente. 4. Me siento preparado para enfrentarme a cualquier desafío.	**a. ser listo** **b. estar listo**

Karl Sportacus

1. Después de llegar a la final de *Master Chef*, he ganado mucho dinero con la publicación de mi libro de recetas. 2. Todo el mundo me dice que mi flan de naranja tiene un sabor extraordinario.	**a. ser rico** **b. estar rico**
3. Por comer tanto dulce, me han diagnosticado diabetes. Mi salud se ha resentido. 4. Aunque no lo parezca, en el fondo me siento muy frágil y vulnerable.	**a. ser delicado** **b. estar delicado**

Roberto Riguroso

1. Me siento muy satisfecho de lo que he conseguido, la verdad. 2. Uno de mis peores defectos. Me siento superior a los demás.	**a. ser orgulloso** **b. estar orgulloso**
3. Gracias a la meditación, cada día me doy más cuenta de mis dificultades. 4. Duermo tan bien, que mi pareja a veces duda de si respiro o he muerto, je, je.	**a. Ser consciente** **b. Estar consciente**

Anita Cañas

1. Mi moral católica me lleva a pensar que a menudo no me comporto bien. 2. Con frecuencia, por alergia al pelo de mis animales, me pongo enferma.	**a. ser mala** **b. estar mala**
3. Sé que mi tarántula a veces puede resultar inconveniente. 4. Todavía, cuando tiro cosas a la basura, me siento incómoda. No lo he superado del todo.	**a. ser molesta** **b. estar molesta**

F. Lee los últimos consejos del Doctor Freulín a sus pacientes. ¿Podrías darles tú un par de consejos más a cada uno? Sigue el modelo propuesto.

verbo en subjuntivo + **lo que** + verbo en subjuntivo + cláusula
más vale + X + **que** + Y'

1. A Roberto	Hagas lo que hagas, no olvides que la perfección no existe. Más vale equivocarse de vez en cuando que la parálisis.

2. A Álvaro	Te digan lo que te digan, recuerda que tienes derecho a expresar lo que sientes. Más vale decir una tontería que callar siempre lo que piensas. Tu estómago te lo agradecerá.
3. A Karl	Estés donde estés y cocines lo que cocines, disfruta y descansa. Más vale engordar un poco que vivir en la tortura.
4. A Anita	Compres lo que compres, guardes lo que guardes, deja espacio en tu vida para el amor. Más vale tirar lo que no sirve que guardar para nada. La energía no fluye.
5. A María Aspiración	Seas quien seas, no eres menos ni más que nadie y mire a quien mire tu pareja, recuerda que está contigo porque te quiere. Más vale conformarse con lo que tienes que sufrir deseando lo que nunca tendrás.

G. Lee las opiniones de familiares y amigos. ¿Sabes qué quieren decir?

1. Sobre Roberto: Estará más relajado, pero va hecho un desastre.	a. Aunque está más tranquilo, su aspecto se ha deteriorado. b. Probablemente dentro de un tiempo se tranquilizará. A día de hoy solo ha descuidado su apariencia.
2. Sobre Álvaro: Hablará más, pero se ha vuelto un maleducado.	a. En un futuro será más extrovertido, pero por el momento pierde las formas constantemente. b. Aunque está mucho más abierto, con frecuencia sus comentarios resultan bastante inconvenientes.
3. Sobre Karl: Cocinará muy bien, pero se ha puesto como un tonel.	a. Si bien ha aprendido a guisar estupendamente, ha engordado demasiado. b. Con el tiempo llegará a ser un buen cocinero, ahora solo ha engordado.
4. Sobre Anita: Será más limpia, pero sigue llenando la casa de animales imposibles. Lo peor ha sido lo de la tarántula.	a. A pesar de que es mucho más limpia y ordenada, continúa con una pasión desmedida por los animales exóticos. b. Probablemente dentro de unos años conseguirá ser más limpia, por lo demás sigue igual de obsesionada con los animales.
5. Sobre María Aspiración: Ella estará mejor, pero ahora ni se acuerda de regar las plantas y se bebe hasta el agua de los floreros.	a. Parece que en general está mejor de la cabeza, pero ha descuidado su trabajo y sigue bebiendo mucho. b. Con el tiempo llegará a ser una persona sana mentalmente; por el momento, no hace bien su trabajo y bebe demasiado.

El doctor Freulín está exhausto. Está pensando en cerrar la consulta y dedicarse a la lingüística cognitiva.

3.2. CRITERIOS METODOLÓGICOS APLICADOS EN LA SECUENCIA

Los aspectos relacionados con los usos atributivos de *ser* y *estar* abordados en esta secuencia se basan en la concepción defendida en Castañeda y Ortega (próxima aparición). Como esta secuencia está concebida para un nivel C1, se presupone que la diferencia básica entre *ser* y *estar* ya se conoce. La práctica propuesta para la asimilación de los contenidos que hemos esbozado se enmarca en un modo de intervención en el aprendizaje de la lengua que hace ya varios lustros se denomina *atención a la forma* (Miquel y Ortega, 2014). Desde sus presupuestos, consideramos posible la integración del conocimiento implícito y del explícito a propósito de la gramática y pretendemos, por tanto, dirigir la atención de los aprendices a las formas lingüísticas sin perder de vista el significado; teniendo muy en cuenta que el camino consiste en procesar primero el contenido y después los aspectos lingüísticos asociados a tal contenido.

En nuestro caso, la intervención es proactiva, ya que nos anticipamos a posibles dificultades de nuestros alumnos, e inductiva, ya que partimos de las muestras de lengua para llegar a la comprensión del aspecto gramatical en cuestión.

Hemos comenzado con una serie de ejercicios (A, B, C, y D) de toma de conciencia gramatical (*consciousness-raising activities*), en la que se opone el uso de *ser* con adjetivos relacionales y el de *estar* con adjetivos y participios escalares acotados. Lo que hemos pretendido es que el alumno se sienta lo suficientemente motivado como para inferir la oposición léxico-gramatical que estamos trabajando en un contexto comunicativamente rico. La explicación que acompaña a las actividades A y B está pensada para ayudar al aprendiz a fijar y aclarar dicho contraste, de modo que pueda favorecer una posterior comprobación de sus hipótesis a propósito del uso atributivo de estos verbos con distintos adjetivos.

En las actividades E y G, hemos puesto en práctica técnicas metodológicas de procesamiento de *input* o *input* estructurado (*input processing* o *structured input*). El propósito fundamental de este mecanismo pedagógico es manipular la atención del aprendiz, de modo que perciba en el flujo de datos algo que pudiera pasarle inadvertido. En efecto, nuestra intención es ayudarle a comprender debidamente las correlaciones de significado a que dan lugar las combinaciones de ciertos adjetivos con *ser* y *estar* y el significado concesivo del futuro de indicativo en su rendimiento discursivo.

La actividad F encarna, por su parte, algunos de los presupuestos del enfoque léxico (Lewis, 1993) en lo que se refiere a la práctica de bloques prefabricados, rutinas construccionales preensambladas (verb. subj. + *lo que* + verb. subj. +

cláusula; *más vale* + X + *que* + Y), que conceden fluidez y seguridad al aprendiz al no tener que confiar en la aplicación analítico-deductiva de reglas bajo la presión de la situación de comunicación (Nattinger y Carrico, 1992). Tiene sentido aplicar estas estrategias a este tipo de construcciones, pues, como ya hemos comentado, el valor del conjunto va más allá de la suma de sus componentes y, en consecuencia, se hace necesario aprender la asociación simbólica convencional específica: "no importa el caso particular de la categoría que se considere" y "aunque X no representa la opción deseada, contar con X es preferible a contar con Y", respectivamente.

En definitiva, para responder a la pregunta que abría este artículo ("si me das a elegir entre el léxico y la gramática"), pues... nos quedamos con los dos, porque no los podemos separar.

BIBLIOGRAFÍA

Alhmoud, Z. y Castañeda, A. (2015). "Más de gramática, más que gramática. De Lingüística Cognitiva y enseñanza de ELE". *Revista DOBLELE. Español lengua extranjera. Revista de lengua y literatura 1*. Disponible en: http://revistes.uab.cat/doblele.

Alonso Raya, R. y otros (2011). *Gramática básica del estudiante de español. Edición revisada y ampliada*. Barcelona: Difusión.

Castañeda, A. y Ortega, J. (próxima aparición) "Gramática cognitiva y usos atributivos de ser y estar". *Lingüística cognitiva y español lengua extranjera*, eds. Ibarretxe, I. T. Cadierno y A. Castañeda eds. Routledge. Próxima aparición.

Cuenca, M. J. y Hilferty, J. (1999). *Introducción a la lingüística cognitiva*. Barcelona: Ariel.

Geeraerts, D.(2006). *Cognitive Linguistics: Basic Readings*. Berlin-New York: Mouton de Gruyter.

Goldberg, A. E. (2003). "Constructions: a new theoretical approach to language." Trends in Cognitive Science 7: 209-224.

Gumiel Molina, S. (2008). "Sobre las diferencias entre ser y estar. El tipo de predicado y el tipo de sujeto". *RedELE 13*. Consultado el 1 de febrero de 2017. http://www.mecd.gob.es/dctm/redele/Material-RedEle/Revista/2008_13/2008_redELE_13_02Gumiel.pdf?documentId=0901e72b80de12ec

Higueras García, M. (2007). *Estudio de las colocaciones léxicas y su enseñanza en español como lengua extranjera*. Madrid: Ministerio de Educación, Cultura y Deporte. Centro de Investigación y Documentación Educativa.

Ibarretxe-Antuñano, I. y Valenzuela, J. eds. (2012). *Lingüística cognitiva*. Barcelona: Anthropos.

Langacker, R. (2008). *Cognitive Grammar: A Basic Introduction*. Oxford: Oxford University Press.

Maldonado, R. (1999). A *media voz. Problemas conceptuales del clítico se en español*. México: Universidad Nacional Autónoma de México.

Lewis, M. (1993). *The Lexical Approach*. London: Language Teaching Publications.

Lewis, M. (2000). *Teaching Collocation. Further Developments in the Lexical Approach*. London: Language Teaching Publications.

Matte Bon, F. (2000). *Gramática comunicativa del español. Tomo II: De la idea a la lengua*. Madrid: Edelsa.

Miquel-López, L. y Ortega-Olivares, J. (2014). "Actividades orientadas al aprendizaje explícito de recursos gramaticales en niveles avanzados de E/LE". *Enseñanza de Gramática Avanzada de ELE. Criterios y Recursos*, ed. A. Castañeda. Madrid: SGEL, páginas 89-162.

Nattinger, J. R. y DeCarrico, J. S. (1992). *Lexical Phrases and Language Teaching*. Oxford: Oxford University Press.

13

LOS PLIEGUES DE LAS PALABRAS: LA DIMENSIÓN CULTURAL E IDEOLÓGICA DEL LÉXICO

Encarna Atienza
Universitat Pompeu Fabra

¿El concepto "pan" significa lo mismo para un alemán que para un español o para un japonés? Evidentemente, no significan lo mismo; las experiencias son distintas, los tipos de pan, los hábitos asociados, incluso algunos ingredientes. Desde el punto de vista cognitivo, diremos que los marcos de conocimiento[1] son distintos y esto es así porque las palabras vehiculan cultura y concepciones del mundo distintas. Por otro lado, ¿qué diferencia hay entre elegir en un texto[2] entre *valiente* y *temerario* para definir a una persona o entre *persistente* y *testarudo* o entre *delicado*/a y *débil*?, ¿y entre *coaccionar* y *persuadir* o entre *amenazar* e *indicar*? La elección de una voz u otra puede propiciar una representación positiva o negativa de los hechos, y es que en esa concepción distinta del mundo que condensa el léxico se filtra también en ocasiones un componente ideológico. De esto va este texto, de la reflexión en torno a los usos de las palabras en el contexto social y cultural. Dicha reflexión quiere desembocar en sugerencias para la enseñanza de la dimensión pragmática, cultural e ideológica de las voces en el aula de ELE, esto es, los pliegues de las palabras.

Presentado el tema, pasamos a enumerar los supuestos de los que partimos (Nation, 2001):

a) Conocer una palabra no es simplemente saber cómo se deletrea y se pronuncia, ni tan siquiera basta con saber su significado. Conocer una palabra implica conocer su uso, puesto que las palabras no funcionan de modo aislado, sino que se usan en textos que se producen en un contexto social y cultural, con una intencionalidad, con un tono, con una relación determinada con el interlocutor, dentro de un género discursivo determinado, entre otros.

b) Planteamos que haya una reflexión de cómo las palabras funcionan en el discurso, en los textos, a qué se refieren y qué relaciones semánticas y pragmáticas establecen con otras palabras, en qué contexto son más adecuadas o qué asociaciones socioculturales comportan. Dicho de otro modo, propugnamos que la enseñanza de palabras en red sea una constante, no solo para la enseñanza de

1 Para una definición de marco de conocimiento, véase Martín Peris, E. (coord.) (2008), http://cvc.cervantes.es/ensenanza/biblioteca_ele/diccio_ele/diccionario/marcosconocimiento.htm

2 En este artículo, se usará indistintamente el término texto o discurso.

combinaciones sintagmáticas (*coche de carreras*, *coche eléctrico*, *coche de época*, *coche de gasolina*, etc.) o para los campos léxicos (*cochecito*, *cochazo*, *encochar*, *lavacoches*, etc.) o semánticos (*transporte*, *avión*, *vehículo*, *volante*, etc.). Se trata de enseñar las palabras en red también desde el punto de vista pragmático, esto es:

1. qué intencionalidad puede tener el uso de una voz en el texto en lugar de otra;
2. en qué registro es habitual;
3. dónde se usa;
4. qué grado de formalidad suele llevar asociado;
5. qué efecto puede ocasionar su uso, etc.

La reflexión sobre la relación entre léxico, cultura e ideología puede arrojar una perspectiva pragmática sobre el planteamiento didáctico del léxico.

1. LÉXICO Y CULTURA

Apuntamos aquí sucintamente algunas relaciones entre léxico y cultura: las unidades fraseológicas (1.1), voces que refieren a realidades idiosincrásicas (1.2), voces condicionadas por el registro (1.3) y voces sin correspondencia semántica transparente de una lengua a otra (1.4).

1.1. LAS UNIDADES FRASEOLÓGICAS

La relación más estrecha y obvia entre léxico y cultura puede contemplarse en las unidades fraseológicas (UF); además, en muchas se cuelan referentes socioculturales: *estar en la luna de Valencia*, *estar en Babia*, *donde las dan las toman*, etc. Son muchas las propuestas que animan a la enseñanza de estas unidades en ELE. Valga la siguiente reflexión (Battaner, 2005) para su posible explotación didáctica:

> Las unidades fraseológicas sirven para todo, tienen una variedad de manifestaciones ciertamente atrayente. Parecen pequeños milagros de precisión. Dan relieve en los diálogos; hoy, que está tan de actualidad la teoría de la relevancia, tendrían que ser atendidos desde este punto de vista: "pero ¿tú de qué vas?". Ayudan en las descripciones con su fuerza expresiva: "hacer algo de una tacada". Modalizan las acciones: "lo dijo de buena fe". Denominan imaginativamente: "máquina infernal" para un nuevo trasto electrónico. Se gramaticalizan como partículas discursivas: "y tanto, para nada". Sentencian: "a nadie le amarga un dulce". Sintetizan pensamientos y sentimientos: "el pan nuestro de cada día". Caracterizan y establecen como hechos situaciones que no están lexicalizadas con una unidad simple: "Éramos pocos y parió la abuela".

Por lo tanto, su didáctica pasa por plantearse no desde la casuística o desde un listado de unidades fraseológicas relacionadas por ámbitos (listado de UF con animales, con colores, con partes del cuerpo, con el verbo *hablar*, por citar algunos ejemplos), porque estaríamos ante un aprendizaje atomizado de listas de frases hechas que tienen en común algún aspecto formal. Si se ha desterrado esta manera de proceder para el léxico, ¿por qué el planteamiento de la enseñanza de UF sigue teniendo un procedimiento casuístico y formal? Ante esta situación, abogamos, tal y como destaca Battaner, por prestar atención al valor pragmático de las UF en el texto y no tanto a su paradigma formal: ¿qué hace en el discurso?, ¿qué valor aporta?, ¿en qué registro se usa?, etc., esto es, desde su valor discursivo y pragmático.

1.2. VOCES QUE REFIEREN A REALIDADES IDIOSINCRÁSICAS

Determinadas voces llevan en su significado una carga cultural importante. Se trata de palabras de uso idiosincrásico y que llevan asociado un comportamiento, un hábito, una actitud. Refieren a realidades no existentes en otra lengua ni en ocasiones en otras variedades de la lengua. Así, ateniéndonos al léxico peninsular, valgan como ejemplo los casos de comidas o bebidas (*la sangría*, *la paella*, *el gazpacho*, *las tapas*); también objetos (*el porrón*, *el botijo*, *las castañuelas*), hábitos, costumbres (*dominguero/a*, *la siesta*). Poner el énfasis en la idiosincrasia tiene el peligro de simplificar la realidad, de alimentar el estereotipo, el cliché; de ahí que consideremos que la propuesta se encamine a abrir la mirada a otras voces homónimas: *la paella*, pero también *el arroz con bacalao*, *las migas*, *el potaje*, *el cocido*, *la menestra*, *los canelones*, *la merluza con guisantes*, *la carne con setas*, *el arroz a la cubana*, incluso *la pizza*, *el faláfel*, *el sushi* o *el arroz tres delicias*, y así un largo etcétera. Quedarse en lo idiosincrásico puede llevar a una visión esencialista y homogénea de la cultura, y de ahí al tópico. El trabajo de estas voces comporta necesariamente un acercamiento intercultural crítico; podemos invitar al estudiante a que esboce una visión sobre su propia realidad a partir únicamente de lo idiosincrásico en su cultura. Se le hace así tangible que lo idiosincrásico es una visión simplificada y reduccionista de la realidad, que no es una visión completa ni recoge la complejidad, diversidad, heterogeneidad y dinamismo de la cultura.

1.3. VOCES QUE TIENEN USOS CONDICIONADOS

Otro lazo de unión entre léxico y cultura que quisiéramos destacar puede verse en voces que requieren de una especificidad de registro, como puede ser *jefe/a*, en su uso apelativo, en registro informal, en un establecimiento, por ejemplo. Siguiendo en el mismo contexto, el uso del verbo *poner* para pedir algo en un bar o en un colmado: *jefe, póngame un kilo de melocotones*; *jefa, ¿qué se debe?* Esta carga cultural pasa desapercibida para un hablante de español como lengua meta. Ofrecer una explicación sistematizada del léxico pasa por integrar las condiciones de uso junto al significado codificado –como hemos anunciado en las premisas de este trabajo–, entendiendo de este modo la pragmática como un estímulo para representar en la mente del otro la realidad (cfr. Jiménez, 2001). Los diccionarios de aprendizaje suelen ofrecer esta información en su definición, además de marcas pragmáticas o notas de uso que ayudan al usuario (el estudiante de español como lengua extranjera) a una producción adecuada, indicando la modalidad, el destinatario, la fuerza ilocutiva, el registro, etc. Véase sino la definición de la voz que hemos tomado como ejemplo:

> **je.fe, fa** m. f. 3 fam. Forma de tratamiento que indica afecto y respeto: ¡~!, olvida usted el paraguas. (DIPELE)

Debe decirse, sin embargo, que el Diccionario de Uso del Español (DUE), sin ser un diccionario de aprendizaje, ofrece también esa codificación pragmática, estos pliegues de las palabras tan necesarios para una producción adecuada:

> **jefe, -a** (del fr. «chef») 2 (pop. e inf.) m. Se usa como apelativo para dirigirse a un hombre[3] que tiene cierta autoridad por el trabajo que realiza o por otra circunstancia; por ejemplo para dirigirse a un conductor de autobús o a un camarero. (DUE)

Se trata de potenciar el trabajo en el aula con este tipo de diccionarios, muchas veces relegados al olvido o, al menos, de llevar el uso de tales marcas al aula: formal/informal; despectivo; coloquial; dialectal, familiar, etc. Del mismo modo que hemos incorporado en clase la presentación de los sustantivos con artículo (*el mapa*, *la radio*, *el libro*) o los adjetivos y sustantivos con variación de género (*niño/a*, *italiano/a*, *rizado/a*), podemos incorporar, cuando sea pertinente, los códigos de las marcas que usan los diccionarios de aprendizaje: *jefe/a* (apelativo informal).

1.4. VOCES QUE REMITEN A REALIDADES DISTINTAS

Pasando a otra posible relación entre léxico y cultura, nos queremos ahora detener en conceptos que no han tenido suficiente atención didáctica y que pudieran parecer a primera vista simétricos de una lengua a otra. Pensemos en palabras como *pan* o *café*; también en atribuciones: *rico/a*, *rubio/a*, etc. Cada una de estas voces lleva asociados no solo campos semánticos distintos en cada lengua, sino también experiencias, rituales, prácticas distintas según la cultura en que se lleven a cabo. Los marcos de conocimiento activados difieren de una lengua a otra. No conocerlos nos lleva a actuar incompetentemente.

---

3 O a una mujer, cabría añadir. O simplemente, a una persona. La ideología presente en los artículos lexicográficos también puede ser elemento de explotación didáctica. Véase sino la definición de *sexo débil* y *sexo fuerte*.

Desde un punto de vista didáctico, parece necesario que el estudiante tome conciencia de esas diferencias. Supongamos que queremos trabajar la voz *café*[4] que ha aparecido en un texto. La creación de mapas conceptuales parece un recurso fácil, donde el estudiante pueda poner de manifiesto a qué asocia una determinada voz en su lengua (cfr. Cerrolaza, 1996; Nation, 2001, entre otros). Posteriormente, tras esta primera fase de activación de conocimientos previos mediante el mapa conceptual y asociativo de la voz en la L1, podrá hacerse alguna actividad de reflexión sobre el marco de conocimiento en la lengua meta (aunque en realidad la comparación es extensible a cualquier lengua que conozca el estudiante, tal y como propugna el enfoque plurilingüe): qué implica *café* para un español, para un italiano o para un finlandés, etc. Dicha reflexión permitirá tomar conciencia de que no quieren decir lo mismo, ni siquiera casi lo mismo. Realmente, las palabras vehiculan cultura porque refieren a prácticas sociales distintas según sea la lengua. Hemos ejemplificado esto con *café* y *pan*, pero la lista es muy larga y son palabras que aparecen en un nivel A1 de lengua: *almuerzo*, *comida*, *desayuno*, *familia*, *casa*, *bosque*, *bar* y así un largo etcétera. Son voces referidas a espacios y objetos que comportan hábitos, comportamientos, costumbres, valores distintos. El léxico, desde esta perspectiva, toma de nuevo un valor intercultural, pragmático y también afectivo (Wotjak, 2006) y permite al estudiante conocer más pliegues de las palabras. Lo mismo podría decirse con las voces que semánticamente designan atribuciones. A quien puede considerarse *rico/a*, *alto/a*, *pequeño/a* en una cultura puede pasar a no tener tales atribuciones en otra. También palabras abstractas: *libertad*, *bienestar*, *democracia*, *patria*, etc. Con estas últimas estamos entrando en el terreno del valor ideológico de las palabras, que abordaremos en el siguiente apartado.

2. LÉXICO E IDEOLOGÍA

Los elementos léxicos y sus combinaciones semánticas representan el primer nivel del discurso al que hay que dirigirse para formular opiniones, sobre todo en la función semántica de la atribución y la predicación: quién habla, de qué (se) habla, de quién (se) habla y qué (se) dice, cómo son, qué hacen, qué valores tienen las identidades representadas en los textos. Las unidades léxicas que se eligen para describir a nosotros (el endogrupo) y a los otros/ellos (el exogrupo) –como en el caso de *terrorista*, *vándalo* frente a *luchador por la libertad*, *defensor del pueblo*, *rebelde*– son un claro ejemplo en este sentido.

4 Valga este texto para su posible explotación didáctica: Tovar, A.(2017). "El secreto de los suecos para ser mejores en su trabajo se llama 'fika' ". El País, (28-04-2017): psicología.
http://elpais.com/elpais/2017/04/26/buenavida/1493209903_446169.html?id_externo_rsoc=TW_CC

Partiendo de los postulados de los Estudios Críticos del Discurso –disciplina de la que tomamos la noción y categorías básicas para analizar aquí el léxico (Van Dijk, 1998)–, se entiende por ideología la base cognitiva de las creencias sociales compartidas por los miembros de un grupo (Van Dijk, 1998, 2003). La ideología se forma, se adquiere o se cambia por medio del discurso. El léxico es el componente más fructífero del análisis ideológico del discurso. De este modo, reflexionar sobre las implicaciones de las palabras utilizadas en un discurso y contexto particular se convierte en un modo privilegiado de acceder a un amplio conjunto de significados ideológicos.

2.1. PARASINÓNIMOS

Si buscamos la palabra *valiente* en el Diccionario de la Lengua Española de la RAE, encontraremos en su segunda acepción la siguiente definición:

> **2.** adj. Dicho de una persona: Capaz de acometer una empresa arriesgada a pesar del peligro y el posible temor que suscita.

Este significado lo podemos encontrar, por ejemplo, en este titular: "Guerra dice que Carme Chacón fue una 'mujer especialmente valiente' y que 'sabía dudar'." (*La Vanguardia*, 10-04-2017).

El titular ofrece una representación mental positiva de Carme Chacón. La atribución de cualidades, *valiente*, a su persona promueve esa representación. Ahora bien, el hilo que separa la valentía de la temeridad es muy fino. ¿Qué hubiera pasado si en lugar de atribuirle la cualidad de *valiente* se le hubiera atribuido la de *temeraria*? La respuesta es obvia: una representación de su persona totalmente contraria. Además, debe tenerse en cuenta que *temerario/a* y *valiente* comparten rasgos semánticos comunes, son parasinónimos. Las marcas que diferencian ambos elementos es la distinta valoración de carácter subjetivo (positiva o negativa) de una misma actitud. Es, por lo tanto, la diferencia pragmática lo que permite acotar dos voces parasinónimas. Los catálogos que se ofrecen en el DUE pueden ser una herramienta útil para trabajar con parasinónimos y su repercusión ideológica. Bajo los catálogos, aparecen no solo los vocablos semánticamente próximos a la voz, sino también las palabras conceptual o referencialmente relacionadas con ella. Se trata, por tanto, de lo que podríamos llamar campos conceptuales, en palabras de María Moliner. También los diccionarios ideológicos cubren esta función onomasiológica.

Desde el punto de vista didáctico, se trata de que el estudiante tome conciencia de la subjetividad, de la valoración que hay detrás de una palabra, de las implicaciones que comporta. En el aula, podemos llevar titulares de diarios para que los estudiantes perciban el uso situado de las palabras y cómo un cambio léxico por un parasinónimo de las atribuciones o predicaciones presentadas puede provocar una representación mental de los hechos diametralmente opuesta. Puede ser la misma noticia con diferentes titulares en diferentes fuentes o bien ofrecer titulares diversos y animar al estudiante a proponer cambios o a cuestionar las voces usadas. El cambio en la representación de los hechos está servido. La ideología queda al descubierto: "Nueva ola de inmigrantes en la costa italiana". ¿Hablamos del mismo modo de los turistas que llegan a la costa italiana: nueva ola de turistas a la costa italiana?, ¿por qué *ola*?, ¿por qué *inmigrantes*? ¿por qué no *emigrantes* o *migrantes*, qué diferencia hay?, ¿son *inmigrantes* o son *refugiados*? De hecho, el uso del término *olas* abre otra relación entre léxico e ideología que aquí, por cuestión de espacio, no vamos a abordar, que es el uso del lenguaje metafórico para describir los hechos: los casos de racismo suelen ser *brotes*, la relación del enfermo con la enfermedad es una *lucha*, una *batalla*, etc.

Podemos también presentar atribuciones (por ejemplo, relacionadas con el contenido curricular de adjetivos de carácter) y que el estudiante considere qué tipo de valoración ofrecen y con qué otra voz parasinónima se cambiaría de valoración. He aquí algunos ejemplos:

ADJETIVOS	VALORACIÓN	CAMBIA LA VALORACIÓN
valiente	+	temerario/a; osado/a
tacaño/a		
ordenado/a		
ambicioso/a		
cerrado/a		[...]

Algo parecido podría hacerse con la estructura *Por qué lo llaman X cuando quieren decir Y*. He aquí algunas posibilidades que el estudiante podría ir ampliando, a partir de las reflexiones en clase o de la realidad que le envuelve: *por qué lo llaman novedad cuando quieren decir desconocimiento*; *por qué lo llaman simpatía cuando quieren decir hipocresía*; *por qué lo llaman amor cuando quieren decir dependencia*; *por qué lo llaman seguridad cuando quieren decir control*.

2.2. CADENAS LÉXICAS, SEMÁNTICAS Y ASOCIATIVAS

Asimismo, a lo largo de un discurso, podemos hacer alusión a un mismo referente de modos muy diversos. Tomar conciencia de las cadenas léxicas y campos semánticos y asociativos que se crean a lo largo de un texto puede ser una herramienta didáctica muy útil, porque, además de ayudar a cohesionar un texto, da pistas sobre la manera en que el autor se posiciona ante los hechos. O a la inversa, en lugar de observar las cadenas léxicas que se crean en un texto, podemos ofrecer un conjunto de palabras relacionadas semántica o pragmáticamente y que los estudiantes sugieran asociaciones a partir de su visión del mundo. Por ejemplo, *turista*, *viajero/a*, *explorador/a*, *mochilero/a*, *colonizador/a*, *viajar*, *desplazarse*, *entrar en contacto*, *conquistar*, *mezclar(se)*, *convivir*, *ocupar*, *intercambiar*, *consumir*, *curiosidad*, *conocimiento*, *integración*, *espectáculo*, *cultura*, etc. Una propuesta semejante (Nation, 2001), pero con otra dinámica sería la siguiente: ante una voz dada (*turismo*, *consulta médica*, *alquiler*, *felicidad*, *pobreza*, por poner ejemplos muy variados), los estudiantes deben sugerir causas o efectos.

Yendo un poco más allá en las relaciones de causa-efecto, es interesante propiciar la reflexión en clase de por qué a veces una misma acción significa cosas diferentes según sean los agentes, la situación o el contexto social. Veámoslo con algún ejemplo. Durante el verano de 2016 surgió una polémica acerca del llamado *burkini*; se prohibió el baño con esta prenda en algunas playas públicas. Los argumentos de la prohibición eran fundamentalmente dos: el *burkini* no es un traje de baño (a pesar de que está definido y concebido así por su creadora y así se recoge también en la definición de la voz en algunos diccionarios); las playas son espacios laicos, libres de simbolismos religiosos. ¿Qué pasa entonces con las monjas que acuden a la playa con el hábito puesto? Lo mismo es extrapolable, por ejemplo, a las relaciones de género, ¿por qué a una mujer con dotes de mando, que se hace escuchar se le llama despectivamente *mandona* y si es un hombre se considera meliorativamente que tiene *madera de líder*[5]?

En otro orden de cosas, otra posible propuesta sería trabajar con neologismos, porque permiten hacer una fotografía de la sociedad. ¿Por qué aparece un neologismo?, ¿a qué realidad hace referencia?, ¿cómo se ha creado esa realidad?, ¿a qué responde?, ¿realmente es una nueva realidad[6]?

---

5 La web ofrece ejemplos constantes de esta perspectiva ideológica. Como muestra, esta infografía titulada 'traductor de género' http://modernadepueblo.com/traductor-de-genero/

6 Recomendamos este recurso ofrecido por el Observatori de Neologia de la UPF y el Instituto Cervantes

CONCLUSIONES

Las palabras son ventanas que dan al mundo (Wotjak, 2006). Abramos las ventanas. Usemos las marcas pragmáticas que ofrecen los diccionarios. Detengámonos en el valor de las voces en los discursos. Expandamos el conocimiento de una palabra. Sumerjámonos en los marcos de conocimiento que ante una voz se activa en lenguas diferentes, en culturas diferentes. Reflexionemos sobre los efectos de una determinada selección léxica. Fijémonos en cómo se dicen las cosas: ¿se puede decir de otra manera?, ¿qué comporta decirlo de otra manera? Tomemos conciencia de que no se dice la misma cosa de otra manera, sino que se dice otra cosa de otra manera. Revaloricemos el uso de los diccionarios de aprendizaje en el aula. Tomemos conciencia de que la elección de una palabra u otra no es gratuita. Presentemos las palabras en red, en los textos en los que nacen.

Detengámonos en las palabras, ahondemos en sus pliegues.

---

http://blogscvc.cervantes.es/martes-neologico/.

BIBLIOGRAFÍA

Alvar, Manuel (2000). *Diccionario para la enseñanza de la lengua española*. Madrid: Vox-Universidad de Alcalá [DIPELE].

Battaner, Mª P. (2005). Manuel Seco, Olimpia de Andrés y Gabino Ramos (2004): Diccionario fraseológico documentado del español actual, locuciones y modismos españoles. Revista de lexicografía, 2004-2005, 11: 215-226.

Cerrolaza, O. (1996). "La confluencia de diferentes culturas: cómo conocerlas en integrarlas en la clase". Marcoele, 9. *Monografía Didáctica del español como lengua extranjera*. Expolingua, 2009, ed. L. Miquel y N. Sans, páginas 19-32.

Jiménez, C. (2001). Léxico y Pragmática. Frankfurt: Peter Lang.

Martín Peris, E. (coord.) (2008). *Diccionario de términos clave de ELE*. Madrid: SGEL.

Moliner, María (1966). *Diccionario de uso del español*. Madrid: Gredos, 2.ª ed. (CD-ROM), 2001 [DUE].

Nation, ISP (2001). *Learning Vocabulary in Another Language*. Cambridge: CUP.

Real Academia Española. (2001). *Diccionario de la lengua española* (22.ª ed.). Consultado en http://www.rae.es/rae.html.

Seco, M., Andrés, O. y Ramos, G. (2004). *Diccionario fraseológico documentado del español actual: locuciones y modismos españoles*. Madrid: Aguilar.

Van Dijk, T. (1998). *Ideology*. London: SAGE Publications.

Van Dijk, T. (2003). *Ideología y discurso*. Barcelona: Ariel.

Wotjak, G. (2006). *Las lenguas, ventanas que dan al mundo*. Salamanca: Ediciones Universidad de Salamanca.

14

EL USO DE LAS TECNOLOGÍAS PARA LA ENSEÑANZA Y EL APRENDIZAJE DEL LÉXICO

Joan-Tomàs Pujolà
Universitat de Barcelona

1.INTRODUCCIÓN

El vocabulario junto con la gramática han sido los componentes lingüísticos que se incorporaron en los programas de aprendizaje de lenguas asistido por ordenador desde las primeras etapas (Davies y Higgins, 1985; Jones y Fortescue, 1987). En esa época la tecnología era relativamente simple y se podían diseñar ejercicios que incluían los habituales de reconstrucción de textos, de relacionar información o de rellenar huecos, así como bases de datos para recolectar palabras a nivel escrito y juegos de vocabulario como crucigramas o el ahorcado, entre otros muchos.

Con la llegada del formato CD-ROM e internet, los programas de práctica de vocabulario evolucionaron (Cruz Piñol, 2002) incorporando más interactividad y el componente multimedia, pero continuaron siendo actividades de tipología similar, de carácter conductista (Warschauer y Healey, 1998) o restrictivo (Bax, 2003) con respuestas cerradas que proveían de *feedback* inmediato, aunque demasiado simple, ya que solo se informaba de si el resultado era correcto o incorrecto. Con la llegada de la web social o web 2.0 se produjo un salto cualitativo, sobre todo en lo que respecta al acceso y producción de recursos léxicos (diccionarios, corpus electrónicos, concordancias, lematizadores, etc.), ya que se posibilitó el desarrollo compartido del contenido y el acceso abierto a esos recursos antes solo disponibles para especialistas.

Según Ma (2013), actualmente hay tres tipos principales de recursos léxicos que proporcionan a los estudiantes acceso a información léxica: las búsquedas, los diccionarios electrónicos y las concordancias. Asimismo, en este trabajo se proponen cuatro tipos de tareas: aprendizaje incidental con glosas léxicas, tareas basadas en el léxico de la comunicación mediada por ordenador (CMO), ejercicios de vocabulario computarizado y programas dedicados al aprendizaje de vocabulario asistido por ordenador (AVAO). Esta clasificación se basa en la prominencia que cada uno de estos da al aprendizaje del vocabulario en términos de tres dicotomías: el ordenador con el rol de herramienta o de tutor (Levy, 1997), el aprendizaje de vocabulario implícito o explícito y el enfoque pedagógico centrado en el significado o en la forma.

En este artículo vamos a analizar tanto los recursos como las tipologías de tareas desde una perspectiva didáctica siguiendo las tres acciones habituales que profesores y estudiantes realizan en relación a los procesos de enseñanza y aprendizaje del léxico: consultar, organizar y practicar el vocabulario en un ámbito tecnológico.

2. CONSULTAR PALABRAS EN LA RED

El diccionario es una herramienta indispensable en cualquier proceso de enseñanza y aprendizaje de vocabulario en una lengua extranjera para la producción o comprensión de textos. Tanto el diccionario bilingüe como el monolingüe desempeñan un papel fundamental como instrumento de consulta y ayudan a la hora de comprender el significado e información del uso de las palabras. En la mayoría de las clases de español como lengua extranjera los diccionarios electrónicos y los motores de búsqueda en los móviles o tabletas de los estudiantes son primordiales para la consulta de palabras nuevas. Los procesadores de textos los incluyen y su acceso está a solo un clic. Existen incluso páginas web o navegadores que permiten acceso directo a las definiciones digitales de términos clicando encima de la palabra. Por tanto, es necesario intentar que los alumnos desarrollen competencias de consulta efectivas, tanto durante el proceso de comprensión lectora como en la elaboración de textos.

La tecnología ha ido cambiando la manera como interactuamos con los diccionarios electrónicos a lo largo de los años. De ser unos recursos cerrados han pasado a ser ecosistemas abiertos, como puede ser el caso del buscador Google, que, al introducir una palabra, puede proveer un gran número de definiciones o traducciones a partir de diccionarios en línea proporcionados por organizaciones o personas particulares. Esta práctica ahorra el tiempo de búsqueda (Ma, 2013) en el sentido de que la amplía a múltiples resultados de diferentes referentes y, consecuentemente, puede acelerar la identificación del término o la definición que se busca. Además, la consulta de términos en buscadores web puede realizarse de diferentes maneras, como por ejemplo en formato de imagen, lo que proporciona una búsqueda más allá de la tradicional, basándose en la visualización del significado. Esta es una práctica bastante común en niveles iniciales, ya que muchos términos hacen referencia a cosas concretas y puede ser de ayuda formar un glosario visual o incluir imágenes en los glosarios como estrategia para la retención de vocabulario, como veremos en el apartado siguiente.

Con respecto a los recursos léxicos abiertos cabe mencionar sitios especializados que empezaron con la idea de proveer diccionarios bilingües. como Wordreference.com <http://www.wordreference.com/> y que se han convertido en uno de los mejores foros de idiomas a nivel mundial dedicados a discusiones sobre el significado y traducciones de términos y expresiones en diversas lenguas. En este diccionario se puede hacer un trabajo de colaboración con algunos términos y expresiones en la lengua de los alumnos, y buscar equivalentes en español participando en los foros de discusión que están a su disposición. De este modo, los estudiantes sienten que forman parte del proceso de colaboración y ampliación de este recurso, a la par que hacen un ejercicio de metalenguaje que les ayudará a entender mejor la variedad de información que pueden encontrar en este recurso web.

En la misma línea de los diccionarios multilingües colaborativos destacamos Forvo <https://forvo.com/> que actúa como una guía de pronunciación en la que millones de palabras son pronunciadas en su idioma original por diversos hablantes nativos de diversas procedencias. Este recurso aporta una gran cantidad de información referente a las variedades del español con pronunciaciones múltiples para la misma palabra.

Por otra parte, el uso de las redes sociales para resolver dudas lingüísticas es una actividad que acostumbran a realizar los nativos de la lengua, pero también están abiertas a los estudiantes de ELE. Así pues, se puede realizar una actividad en Twitter y preguntar a la Real Academia Española (RAE) usando la etiqueta #RAEconsultas. De esta manera, se desarrollan estrategias de consulta directa al tiempo que se pueden analizar las dudas que los nativos de la lengua plantean. De esta manera se puede ver que el uso de diccionarios monolingües no está limitado a los estudiantes de L1. El diccionario de la lengua española (DRAE) y el diccionario panhispánico de dudas (DPD) son imprescindibles para estudiantes a partir de niveles intermedios altos y avanzados. Otro recurso de consultas que debemos considerar es el de la Fundación del Español Urgente <http://www.fundeu.es/>, cuyo objetivo es impulsar el buen uso del español en los medios de comunicación en el contexto español. Es un recurso utilizado por periodistas y especialistas de la comunicación, pero puede ser también un punto de partida excelente para desarrollar estrategias de búsqueda de los estudiantes de niveles más avanzados.

Además de poder realizar actividades usando corpus o concordancias, podemos hacer un trabajo parecido con diccionarios que aportan información contextualizada similar. Así, podemos acceder al DiCE (Diccionario de Colocaciones del Español) <http://www.dicesp.com/> para averiguar aquellas colocaciones que son aceptables en español o Linguee <http://www.linguee.es/>, un servicio para buscar en internet textos bilingües que proceden de páginas externas indexadas donde se pueden ver en paralelo los extractos originales en ambas lenguas. Por último, nos gustaría también mencionar el DIRAE <http://dirae.es/>, un diccionario inverso basado en el DRAE, que en lugar de hallar la definición de una palabra, encuentra palabras buscando en su definición. Podemos usar este diccionario de diversas maneras, como, por ejemplo, un tesauro asociativo, un buscador etimológico o simplemente como diccionario de sinónimos.

En definitiva, las actividades que se pueden llevar a clase con estos recursos de búsqueda y consulta de palabras son múltiples, pero quizás las primordiales son las de descubrimiento del uso de los recursos léxicos para hacer explícito a los estudiantes tanto el potencial que estas herramientas tienen como las diversas prestaciones que incorporan. Esas actividades deben ir orientadas a ayudar a familiarizarse con el contenido, la estructura y las consultas que ofrece cada recurso.

3. ORGANIZAR EL LÉXICO EN FORMATO DIGITAL

Otra de las actividades que se acostumbran a realizar en las clases de ELE consiste en ayudar a los estudiantes a organizar el vocabulario en campos léxicos que les asistan en el proceso de aprendizaje de términos relacionados semánticamente, ya que así pueden referenciarlos de manera fácil o pueden usarlos como estrategias para su memorización. El almacenamiento de los términos nuevos que van apareciendo en el proceso de aprendizaje de una lengua extranjera ha sido siempre una estrategia usada tanto a nivel individual en un cuaderno de notas como en el conjunto de una clase usando pósteres en el aula. Por ejemplo, dos maneras de llevarla a cabo en el contexto digital podrían ser la construcción de glosarios usando un wiki o un Tumblr <https://www.tumblr.com> que ayuden a llevar un bloc de notas electrónico y, por otra parte, el desarrollo de documentos colaborativos electrónicos como por ejemplo los que incorpora el entorno personal de aprendizaje Moodle, que permite la elaboración de un glosario digital en grupo para referencia de todos los alumnos del curso en el que se elabora.

Otra manera de organizar y ordenar el léxico es a través del uso de mapas mentales digitales y en línea, usando, por ejemplo, MindMeister <https://www.mindmeister.com/es>. Estos mapas no se diseñaron específicamente para esta función, pero ofrecen una manera práctica para gestionar grandes cantidades de vocabulario, ya que se pueden crear fácilmente colecciones temáticas y añadir nuevas palabras cuando se quiera. Los mapas mentales en línea permiten almacenar información detallada acerca de las palabras en forma de notas y enlaces, y se pueden añadir frases de ejemplo, definiciones, sinónimos, consejos de pronunciación, mnemotécnicas, imágenes o grabaciones de audio de cada palabra desde el ordenador, móvil o tableta. Además, permite compartir fácilmente los mapas mentales o diseñarlos en equipo desde el inicio a tiempo real.

La visualización del léxico es otra manera de organizar el vocabulario nuevo. Una manera de hacerlo es creando murales digitales, como por ejemplo usando la herramienta Padlet <https://padlet.com/>. Estos murales se crean colaborativamente en formato de notas adhesivas y pueden incluir texto, imágenes, enlaces y vídeos. El *input* visual en forma de diagrama, imagen o símbolo facilita la memorización al posibilitar la asociación mental entre la palabra y la imagen (Thornbury, 2007). Si damos un paso más en el entorno digital, también existen aplicaciones como Thinglink <https://www.thinglink.com> que permiten crear imágenes interactivas identificando áreas de la imagen en las que se pueden agregar enlaces a textos, webs, imágenes o vídeos. De este modo, los estudiantes pueden diseñar imágenes interactivas para familiarizarse con el vocabulario y tener más oportunidades de recordarlo.

Cuando los estudiantes desarrollan glosarios de este tipo, en los que deben filtrar información a través de sus propios esquemas, valores personales y creencias, se crea una respuesta más personalizada que les ayudará a incrementar su motivación y a tomar control de su aprendizaje, lo que refuerza inexorablemente la internalización y retención del léxico.

4. PRACTICAR VOCABULARIO CON APLICACIONES Y EN LA RED

En este apartado consideraremos dos maneras de trabajar con el vocabulario teniendo en cuenta la práctica con *apps* o *software* en los que no se necesita un tutor y luego nos adentraremos en algunas maneras de trabajar el vocabulario en el aula usando la tecnología con la ayuda del profesor.

Existen varias *apps* con las que los estudiantes pueden practicar vocabulario de manera autónoma. Mayoritariamente son aplicaciones que nos recuerdan las que ya existían en el inicio del aprendizaje asistido por ordenador, de carácter cerrado y restrictivo en las que la repetición y la visualización son las técnicas más usadas con el objetivo de memorizar palabras. Uno de los ejemplos más populares es Quizlet, cuyo objetivo es entrenar a los estudiantes a través de *flashcards* y varios juegos y tests para aprender vocabulario. La repetición y la visualización están en el centro del enfoque para promover la retención. Este mismo enfoque lo usan diversas *apps* especializadas en el aprendizaje de idiomas como Duolingo <http://www.duolingo.com> o Memrise <http://www.memrise.com> en las que se combinan técnicas memorísticas y contenido lúdico para hacer el proceso de aprendizaje de vocabulario más motivador, aunque no avanzan en un planteamiento del aprendizaje más abierto donde la interacción y el contexto significativos sean la base de ese aprendizaje.

BaBaDum <https://babadum.com> es un juego basado en el aprendizaje de vocabulario que cuenta con varias opciones para jugar: escoger la imagen de una palabra, escoger la palabra a partir de la imagen, seleccionar la imagen a partir de un audio, escribir la palabra de la imagen y una combinatoria de todas las actividades. Muchos estudiantes confían en que, de esta manera lúdica, aunque mecánica y conductista y usando imágenes en formato *flashcard*, adquieren el vocabulario, de ahí el éxito de las aplicaciones. Sin embargo, los ejercicios de estas *apps* no tienen en cuenta muchos de los aspectos esenciales para entender los significados más complejos, ya que el contexto y el acto comunicativo en el que el vocabulario puede cobrar sentido están, en la mayoría de los casos, ausentes.

Diferentes usos de *flashcards* los podemos encontrar en programas como Cram <http://www.cram.com/> o StudyStack <https://www.studystack.com/>. Dentro de estas aplicaciones el usuario puede usar grupos de tarjetas ya creadas o crear sus propios mazos de fichas, con los que principalmente se recurre al método tradicional de la traducción por medio de voltear la tarjeta, y así poder memorizar un juego de equis tarjetas. Estas dos aplicaciones también incluyen los habituales juegos de vocabulario (ahorcado, crucigrama, relacionar, quiz) y algún otro en formato videojuego en los que, por ejemplo, se debe destruir naves invasoras con letras para practicar la ortografía.

Por lo que respecta a la práctica del vocabulario con herramientas tecnológicas y con la ayuda del profesor podemos proponer dos ejemplos basados en el uso de programas no pensados específicamente para la educación lingüística, como las nubes de palabras o la red social Instagram.

Existen diversas aplicaciones para realizar las nubes de palabras. Wordle <http://www.wordle.net/> es una web gratuita que permite crear estas formas a partir de la frecuencia de palabras de un texto. Este formato se puede utilizar para llamar la atención de los estudiantes sobre el significado, la importancia y la relación de las palabras. Para generar una nube de palabras, se debe adjuntar un texto y, a continuación, se puede editar la nube propuesta seleccionando algunos elementos visuales como el esquema de colores, el diseño y la fuente de las letras. Las nubes de palabras se pueden utilizar para resaltar palabras clave y temas para preparar a los estudiantes para la lectura, así como una discusión metalingüística sobre el texto después de la lectura. A algunos estudiantes, el aspecto creativo del diseño los involucra en la creación de significado; para otros, son las propias palabras las que los inducen a explorar significados y relaciones (Dalton y Grisham, 2011). Una idea interesante relacionada con la organización y almacenaje de términos que hemos mencionado en al apartado anterior es la posibilidad de crear un banco de imágenes de las nubes de palabras. Asimismo, hay aplicaciones que permiten crear nubes de palabras como por ejemplo WordArt.com <https://wordart.com/> o Nubedepalabras.es <http://www.nubedepalabras.es/>, al estilo de las páginas iniciales de las unidades del manual *Bitácora* de la editorial Difusión (2011), en el que las nubes toman una forma relacionada con el campo léxico al que pertenecen. En ese caso la formación de la nube está estrechamente relacionada con la gestión y organización del léxico en formato digital, como abordamos en el apartado anterior.

Otra aplicación parecida, pero menos creativa, es Wordsift.org <https://wordsift.org/>, que, aunque está pensada para el aprendizaje del inglés, sirve también con textos en español. Esta herramienta permite hacer clic en cada palabra para mostrar una colección de imágenes relacionadas y una lista de oraciones del texto que presentan la palabra en diferentes contextos.

La conocida red social Instagram <https://www.instagram.com/> también puede usarse en la clase de ELE para practicar vocabulario como hacen Martín Bosque y Munday (2014) con su desafío mensual #InstagramELE, en el que proponen, a partir de unas etiquetas diarias, que los alumnos suban fotos de los términos propuestos. Esta red creada para compartir fotografías ofrece varias ventajas para practicar español como son: el uso de imágenes asociadas a palabras o expresiones, la posibilidad de interacción entre nativos y no nativos, o la posibilidad, gracias a su sistema de etiquetado, de poder ver ejemplos creados por nativos de todo el mundo hispanohablante sin necesidad de tener que seguir a esas personas (*Id.* 385). Del mismo modo, podríamos explotar didácticamente las posibilidades de información visual que nos aporta la red social Pinterest <https://es.pinterest.com/>.

5. CONCLUSIONES

Para terminar este apartado, vamos a resumir algunos puntos clave que debemos tener en cuenta a la hora de usar la tecnología para desarrollar el aprendizaje del vocabulario:

- Usar la tecnología para el desempeño de actividades como la consulta de palabras, la organización y almacenamiento para posterior recuperación de la información y, finalmente, la práctica del vocabulario dentro y fuera del aula.
- Intentar promover actividades con *apps* o programas que desarrollen estrategias que ayuden a los estudiantes con la retención del léxico.
- Seleccionar herramientas que ofrezcan a los estudiantes apoyo visual y auditivo para la memorización de nuevos términos.
- Utilizar la tecnología para construir glosarios personalizados con los que los estudiantes pueden sentirse identificados y den la oportunidad de interactuar de nuevo con el vocabulario aprendido.
- Tener en cuenta que es posible ir más allá de los ejercicios mecánicos con léxico descontextualizado que muchos programas insisten en promover y que algunos estudiantes usan para entrenar la mente y desarrollar estrategias memorísticas.
- Promover el uso significativo y eficiente de la tecnología teniendo en cuenta el potencial de las *apps*, programas, servicios de consulta y redes sociales que tenemos a nuestra disposición en la red.

Para terminar, me gustaría aclarar que las *apps* y plataformas incluidas en este artículo sirven solo de ejemplificación, ya que no se pretende dar un listado exhaustivo, aunque en su selección se ha considerado su popularidad en el momento de la publicación.

BIBLIOGRAFÍA

Bax, S. (2003): "CALL – past, present and future". *System, 31*. Londres: Elsevier Science Ltd.: 13-28.

Cruz Piñol, M. (2002): *Enseñar español en la era de internet. La www y la enseñanza del español como lengua extranjera*. Barcelona: Octaedro.

Davies G. y Higgins J. (1985): *Using computers in language learning: a teacher's guide*, Londres: CILT.

Dalton, B. y Grisham, D. L. (2011): "eVoc Strategies: 10 Ways to Use Technology to Build Vocabulary". *The Reading Teacher, 64*: 306–317.

Jones, C. y Fortescue, S. (1987): *Using Computers in the Language Classroom*. London: Longman.

Levy, M. (1997): *Computer-assisted language learning: Context and conceptualization*. Oxford: Clarendon Press.

Ma, Q. (2013): "Computer Assisted Vocabulary Learning: Framework and Tracking User Data". *Learner-Computer Interaction in Language Education*, Ed. P. Hubbard, M. Schulze y B. Smith. San Marcos, Texas: Computer Assisted Language Instruction Consortium (CALICO), páginas 230-243.

Martín Bosque, A. y Munday, P. (2014): "Conexión, colaboración y aprendizaje más allá del aula: #InstagramELE". *Nebrija Procedia 3: Actas del II Congreso Internacional Nebrija en Lingüística Aplicada a la Enseñanza de Lenguas: En camino hacia el plurilingüismo*. Madrid: Universidad Nebrija.

Thornbury, S. (2007): *How to Teach Vocabulary*. Pearson Education Limit. Essex.

Warschauer, M. y Healey, D. (1998): "Computers and language learning: An overview". *Language Teaching, 31* (1): 57-71